Italiano essenziale 3

Fundamentals of Italian

Maria Procopio-Demas

World Language Department
Newton North High School
Newton, Massachusetts

Mariastella Cocchiara

Chair, World Language Department
Melrose High School
Melrose, Massachusetts

AMSCO SCHOOL PUBLICATIONS, INC.,

a division of Perfection Learning®

To Tina, Michael,
Andy and Marina,
with love

Text and Cover Design by Meghan Shupe Designs
Illustrations by Felipe Galindo and by Hadel Studio

© 2010 by Amsco School Publications, Inc.,
a division of Perfection Learning®

Please visit our websites at:
www.amscopub.com and *www.perfectionlearning.com*

When ordering this book, please specify:
ISBN 978-1-56765-436-3 or **13671**

3 4 5 6 7 8 9 10 PP 23 22 21 20 19

Printed in the United States of America

Preface

Italiano essenziale 3 has been prepared for students who are in their third year of Italian language study. It offers learners a comprehensive review and thorough understanding of the elements of the Italian language that are generally covered in a third-year course. It may be used independently for review or practice, or as a supplement to any basal textbook.

ORGANIZATION

Italiano essenziale 3 consists of 16 chapters, each organized around related grammar topics. For ease of study and use, concise and clear explanations of the grammatical concepts are followed by examples. Care has been taken to avoid complex structural elements and to present the practice exercises through contexts of daily language usage.

EXERCISES

To maximize efficiency in learning, the exercises follow the grammatical explanations and examples. In order to make the exercises meaningful and to encourage the student to use the language in real-life communication, the exercises are set in a variety of everyday settings. Many of the exercises are also personalized to stimulate original student response.

VOCABULARY

The vocabulary in this book consists of words most frequently found in a third-year Italian course. When more extensive or broader vocabulary is required, a section entitled **PER ESPRIMERSI MEGLIO** appears before the exercise. A glossary of Italian-English vocabulary also appears at the end of the book.

FLEXIBILITY AND OTHER FEATURES

The topical organization and the concise explanations followed by examples in each chapter permit the teacher to follow any sequence suitable to the needs of the students and the objectives of the course. This flexibility is facilitated by the detailed table of contents at the front of the book. The Appendix features complete model verb tables and the principal parts of common irregular verbs covered in the book, as well as basic rules of syllabication and punctuation. Both students and teachers will find the layout and organization of the book easy to follow. Its design is intended to facilitate communicative use of the language while ensuring that students master the basic structures of the language.

The Authors

Contents

CHAPTER 1
The Present Tense

1. Present Tense of Regular Verbs

a. The present tense of verbs is formed by dropping the infinitive ending (-are, -ere, -ire) and replacing it with the specific ending for each personal pronoun for each conjugation. Review the table below.

SUBJECT PRONOUNS	AIUTARE *to help*	PROMETTERE *to promise*	MENTIRE *to deny*	GUARIRE *to heal*
io	aiuto	prometto	mento	guarisco
tu	aiuti	prometti	menti	guarisci
lui/lei	aiuta	promette	mente	guarisce
noi	aiutiamo	promettiamo	mentiamo	guariamo
voi	aiutate	promettete	mentite	guarite
loro	aiutano	promettono	mentono	guariscono

b. Verbs ending in -iare retain only one *i* in the *tu* and *voi* forms.

mang*iare*   cominc*iare*

tu mang*i*   tu cominc*i*

noi mang*iamo*   noi cominc*iamo*

c. Verbs ending in -*care* and -*gare* add an *h* in the *tu* and *noi* forms to retain the sound.

gio*care*   pa*gare*

tu gio*chi*   tu pa*ghi*

noi gio*chiamo*   noi pa*ghiamo*

2. Uses of the Present Tense

a. The present tense has the following meanings in English.

ESEMPIO: **Roberto corre dopo scuola.**   *Roberto runs after school.*
                                          Roberto is running after school.
                                          Roberto does run after school.

b. In Italian, the present tense may be used instead of the future tense to express an action that will take place in the immediate future.

ESEMPIO: **Domani vado a Boston in   *Tomorrow I am going to Boston by train.*
          treno.**

c. *si* + the third person of the verb is used as the English impersonal forms *one, we, they.*

ESEMPI: **Qui *si parla* italiano.**   *Italian is spoken here.*

          Si *vendono* francobolli.   *We sell stamps.*

          In Italia *si mangia* bene.   *In Italy one eats well.*

3. Negative and Interrogative Forms

a. To make a statement negative you need only to add *non* in front of the verb.

ESEMPIO: Noi aiutiamo la mamma a fare le compere.

          Noi **non** aiutiamo la mamma a fare le compere.

b. To turn a statement into a question you need only to add a question mark at the end of the statement.

ESEMPIO: Tu vai a ballare venerdì sera.

          Tu vai a ballare venerdì sera?

4. Commonly Used *–ARE, -ERE, -IRE* Verbs

-ARE Verbs

abbassare   *to lower*

abbinare   *to match*

accompagnare   *to accompany*

acquistare   *to purchase*

aiutare   *to help*

apparecchiare   *to set the table*

attirare   *to attract*

bruciare   *to burn*

calmare   *to calm*

cancellare   *to erase, to cancel*

caricare   *to load*

cercare   *to look for*

chiaccherare   *to chat*

contaminare   *to contaminate*

digitare   *to dial, to type*

dimenticare   *to forget*

dubitare   *to doubt*

durare   *to last*

evitare   *to avoid*

festeggiare   *to celebrate*

frustrare   *to frustrate*

fumare   *to smoke*

gettare   *to throw away*

gridare   *to yell*

guadagnare   *to earn*

imbarazzare   *to embarrass*

imbrogliare   *to cheat*

indovinare   *to guess*

ingannare   *to deceive*

ingrassare   *to gain weight*

innaffiare   *to water*

inviare   *to send*

lasciare   *to leave behind*

lavare   *to wash*

legare   *to tie*

meritare   *to deserve*

minacciare   *to threaten*

negare   *to deny*

parcheggiare   *to park*

pensare   *to think*

perdonare   *to forgive*

piantare   *to plant*

prenotare   *to reserve*

prestare   *to borrow*

provare   *to try*

ragionare   *to reason*

rallentare   *to slow down*

funzionare   *to work* (machine)

scherzare   *to joke*

regalare   *to give a gift*

riciclare   *to recycle*

ricordare   *to remember*

risparmiare   *to save*

rubare   *to steel*

salvare   *to save*

scappare   *to run away*

sperare   *to hope*

scaricare   *to unload, download*

scoraggiare   *to discourage*

smontare   *to take something apart*

spiegare   *to explain*

sprecare   *to waste*

tagliare   *to cut*

toccare   *to touch*

trascurare   *to neglect*

urlare   *to scream*

-*ERE* Verbs

nascondere   *to hide*

emettere   *to let out*

cadere   *to fall*

piangere   *to cry*

crescere   *to grow up*

confondere   *to confuse*

chiedere   *to ask for*

credere   *to believe*

rompere   *to break*

correre   *to run*

interrrompere   *to interrupt*

difendere   *to defend*

condividere   *to share*

trascorrere   *to spend time*

proteggere   *to protect*

accendere   *to light, turn on*

convincere   *to convince*

correggere   *to correct*

fingere   *to pretend*

distruggere   *to destroy*

porgere   *to hand*

premere   *to push a button*

pretendere   *to expect, to demand*

ridere   *to laugh*

riflettere   *to reflect*

rinpiangere   *to regret*

spegnere   *to turn off*

stringere   *to squeeze*

raccogliere   *to gather, pick up*

temere   *to fear, to be afraid*

dirigere   *to manage, to direct*

-*IRE* Verbs

avvertire   *to alert*

*dimagrire   *to lose weight*

*guarire   *to heal, get better*

*impazzire   *to go crazy*

*proibire   *to forbid*

*punire   *to punish*

*sbalordire   *to amaze*

*tradire   *to betray, to cheat*

*colpire   *to hit*

*garantire   *to guarantee*

investire   *to run over with a car*

mentire   *to lie, deny*

riuscire   *to succeed, be able to*

* indicates verbs conjugated with *-isc*

| ESERCIZIO A | **Tutti devono aiutare.** La signora Lentini racconta cosa fa ogni membro della famiglia per aiutare a casa. Riscrivi la frase usando il presente del verbo. |

Esempio: Noi tutti/aiutare con i lavori di casa
Noi tutti aiutiamo con i lavori di casa.

1. Rosanna/apparecchiare la tavola _____

2. Sandro/sparecchiare la tavola _____

3. La nonna/comprare il cibo _____

4. Il Signor Lentini/pulire il garage _____

5. La Signora Lentini/passare l'aspirapolvere _____

6. Concetta/rispondere al telefono _____

7. Noi tutti/lavare i piatti _____

8. Tu innaffiare/le piante _____

9. Il Signor Conti/portare fuori la spazzatura _____

10. La famiglia/spegnere le luci _____

11. I figli/raccogliere le loro cose _____

12. La mamma/aiutare tutti noi con i compiti _____

| ESERCIZIO B | **Pratichiamo il presente** Completa ogni frase con il verbo indicato in parentesi, poi scrivi la traduzione inglese della frase. |

Esempio: (*nascondere*) Io **nascondo** le chiavi della mia macchina.   *I hide my car keys.*

1. (*aquistare*)   I ragazzi _____ i vestiti nuovi a settembre.

   _____

2. (*abbinare*)   Io _____ i pantaloni con la camicia.

   _____

3. (*rompere*)   Angela _____ i bicchieri quando li lava.

   _____

4. (*convincere*)   Voi _____ la professoressa a non dare compiti?

   _____

5. (digitare)   Noi _____ molti messaggi elettronici.

   _____

6. (correre)   Carlo e Pietro _____ ogni giorno dopo scuola.

   _____

7. (stringere)   Loro non _____ i lacci delle scarpe.

   _____

8. (temere)   Voi non _____ i vostri professori.

   _____

9. (guarire)   Io _____ subito quando ho il raffreddore.

   _____

10. (salvare)   Sara _____ il suo lavoro sul computer.

   _____

11. (riuscire)   I ragazzi _____ a fare molti sport!

   _____

12. (mandare)   Noi _____ e-mail agli amici.

   _____

13. (navigare)   Loro _____ sull'internet?

   _____

14. (capire)   Paola e io _____ bene i verbi.

   _____

15. (usare)   La ragazza _____ la macchina della mamma.

   _____

16. (scappare)   Marco _____ quando vede un grande cane.

   _____

17. (innaffiare) Io _____ le rose nel giardino.

   _____

18. (spiegare)   I professori _____ le lezioni in classe.

   _____

19. (*sprecare*)   Io non _____ il mio tempo davanti alla TV.

_____

20. (*perdere*)   Sandro _____ spesso i suoi soldi.

_____

| ESERCIZIO C | **In classe**   Tu ed i tuoi compagni parlate con il vostro professore d'italiano. Scrivi le frasi dei mini dialoghi con la forma corretta del verbo.

ESEMPIO: Scrivere sempre i compiti **nel quaderno**

    IL PROFESSORE: *Scrivete* sempre i compiti nel quaderno?

    GLI STUDENTI: **Certo,** *scriviamo* **sempre i compiti nel quaderno.**

                  o

    No, *non scriviamo* **sempre i compiti nel quaderno.**

1. Correggere gli sbagli di grammatica sui compiti

    IL PROFESSORE: _____

    GLI STUDENTI: _____

2. Telefonare ai compagni di classe quando siete assenti

    IL PROFESSORE: _____

    GLI STUDENTI: _____

3. Gettare la cingomma nel cestino prima di entrare in classe

    IL PROFESSORE: _____

    GLI STUDENTI: _____

4. Usare un dizionario bilingue per fare i compiti

    IL PROFESSORE: _____

    GLI STUDENTI: _____

5. Praticare il nuovo vocabolario per impararlo

    IL PROFESSORE: _____

    GLI STUDENTI: _____

6. Prepararsi bene per l'esame

IL PROFESSORE: _____

GLI STUDENTI: _____

7. Partecipare attentamente alla classe

IL PROFESSORE: _____

GLI STUDENTI: _____

8. Interrompere la classe parlando con gli amici

IL PROFESSORE: _____

GLI STUDENTI: _____

ESERCIZIO D   **Scegli il verbo che meglio completa ogni frase del paragrafo.**

Gianna e le sue amiche Caterina e Cristina devono _____ soldi durante le vacanze estive da usare per il loro primo anno di università. Per non _____ tempo, loro cominciano la ricerca di un impiego a maggio, ma non _____ i loro studi. Le ragazze _____ gli annunci di lavoro sul giornale, e _____ a molte richieste. Vanno ai negozi in centro e fanno domanda di lavoro e non si scoraggiano; _____ con la ricerca. Oggi pomeriggio le ragazze _____ come fare un colloquio di lavoro; Caterina e Cristina fanno le domande e Gianna risponde. Il telefono suona, ed incredibilmente, è un'offerta di lavoro da uno dei negozi dove Gianna ha fatto la richiesta. Che fortuna! Le altre amiche _____ di trovare un lavoro al più presto.

1. a. spendere
   b. guadagnare
   c. prestare
2. a. sprecare
   b. avere
   c. risparmiare
3. a. condividono
   b. temono
   c. trascurano
4. a. leggono
   b. scaricano
   c. correggono
5. a. parlano
   b. rispondono
   c. ridono
6. a. persistono
   b. piangono
   c. corrono
7. a. praticano
   b. dubitano
   c. digitano
8. a. evitano
   b. indovinao
   c. sperano

| ESERCIZIO E | **Ancora i verbi**   Completa ogni frase con il verbo in parentesi in italiano |

ESEMPIO: A volte io **trascuro** gli studi quando **gioco** a calcio.   (*to neglect/to play*)

1. I ragazzi _____ molto fra di loro e _____ quando sono insieme.
   (*to joke/to have fun*)

2. Spesso io _____ informazioni sull'Internet e le _____ sul mio
   computer.   (*to search/ to download*)

3. La commessa _____ i vestiti per i clienti che _____ molto nel
   negozio.   (*to match/to spend*)

4. Adesso che io _____ , non _____ i miei soldi, li _____ .
   (*to work/ waste/to save*)

5. Quando noi _____ a carte, Roberto _____ .   (*to play/ to cheat*)

6. I miei genitori _____ di non lasciarmi uscire stasera se io non

   _____ la mia camera.   (*to threaten/to clean*)

7. Noi giovani _____ i rifiuti quando li _____ nella spazzatura.
   (*to recycle/ to throw away*)

8. Io non _____ con gli amici quando c'è un malinteso, invece io

   _____ con loro.   (*to argue/ to reason*)

9. Rosalba _____ di rispondere alle domande della professoressa e

   _____ di leggere.   (*to avoid, to fake*)

10. Mia sorella _____ tutto quello che lei _____ .   (*to break, to touch*)

5.   Present Tense of Irregular Verbs

a. Here is a quick review of the previously learned irregular verbs:

essere *to be*	sono, sei, è, siamo, siete, sono
avere *to have*	ho, hai, ha, abbiamo, avete, hanno
andare *to go*	vado, vai, va, andiamo, andate, vanno
stare *to stay/be*	sto, stai, sta, stiamo, state, stanno

fare *to do*	faccio, fai, fa, facciamo, fate, fanno
dare *to give*	do, dai, dà, diamo, date, danno
bere *to drink*	bevo, bevi, beve, beviamo, bevete, bevono
volere *to want*	voglio, vuoi, vuole, vogliamo, volete, voglino
potere *to be able to*	posso, puoi, può, possiamo, potete, possono
dovere *to have to*	devo, devi, deve, dobbiamo, dovete, devono
sapere *to know*	so, sai, sa, sappiamo, sapete, sanno
dire *to say, to tell*	dico, dici, dice, diciamo, dite, dicono
uscire *to go out*	esco, esci, esce, usciamo, uscite, escono

ESERCIZIO F   **L'amicizia** Completa questo paragrafo con il presente del verbo indicato.

Io e Serena _____ buone amiche, _____ alla stessa scuola, ed _____
1. (essere)   2. (andare)   3. (avere)

alcune classi insieme. Oggi Serena _____ prepararsi per un esame e non _____
4. (dovere)   5. (potere)

chiacchierare con me durante quest'ora libera. Io _____ un grande sforzo per non
6. (fare)

disturbarla, perchè _____ raccontarle una cosa molto interessante che ho appena sa-
7. (volere)

puto. Chissà come reagisce a quello che le _____ appena chiude il suo libro; forse le
8. (dire)

_____ un bigliettino per stimolare la sua curiosità! Per adesso io _____ dalla
9. (dare)   10. (uscire)

classe e _____ un po' d'acqua per distrarmi e sprecare tempo, ma _____
11. (bere)   12. (stare)

sulle spine perchè tutti _____ che io non _____ controllarmi quando
13. (sapere)   14. (potere)

_____ qualcosa di interessante!
15. (sapere)

b. Irregular verbs with stem changes

scegliere *to choose*	scelgo, scegli, sceglie, scegliamo, scegliete, scelgono
sciogliere *to untie*	sciolgo, sciogli, scioglie, sciogliamo, sciogliete, sciolgono
raccogliere *to gather, pick up*	raccolgo, raccogli, raccoglie, raccogliamo, raccogliete, raccolgono
salire *to go up, climb*	salgo, sali, sale, saliamo, salite, salgono
togliere *to take off*	tolgo, togli, toglie, togliamo, togliete, tolgono

c. Porre and *similar verbs*

porre *to place, to put*	pongo, poni, pone, poniamo, ponete, pongono

Verbi come porre

proporre   *to propose*
conporre   *to compose*
disporre   *to have available*
imporre   *to impose*
opporre   *to oppose*

ESERCIZIO G   **Fallo tu!**   Seguendo il modello di porre, completa questa tabella scrivendo le forme mancanti dei verbi.

verb	io	tu	lui, lei	noi	voi	loro
proporre		proponi				
comporre				componiamo		
disporre	dispongo					
imporre			impone			
opporre					opponete	

d. Venire and *similar verbs*

venire *to place, to put*	vengo, vieni, viene, veniamo, venite, vengono

Verbi come venire

divenire   *to become*
provenire   *to come from*
intervenire   *to intervene*
convenire   *to convene*

ESERCIZIO H   **Ancora!**   Seguendo il modello di *venire*, completa questa tabella scrivendo le forme mancanti dei verbi.

verb	io	tu	lui, lei	noi	voi	loro
divenire						
provenire						
intervenire						
convenire						

e. Other irregular verbs

tenere *to keep, to hold*	tengo, tieni, tiene, teniamo, tenete, tengono
rimanere *to stay, remain*	rimango, rimani, rimane, rimaniamo, rimanete, rimangono
morire *to die*	muoio, muori, muore, moriamo, morite, muoiono
distrarre *to distract*	distraggo, distrai, distrae, distraiamo, distraete, distraggono

f. Verbs that end in -*urre*

tradurre *to translate*	traduco, traduci, traduce, traduciamo, traducete, traducono
produrre *to produce*	produco, produci, produce, produciamo, producete, producono
introdurre *to introduce*	introduco, introduci, introduce, introduciamo, introducete, introducono

ESERCIZIO 1   **La pratica vale più della grammatica.**   Completa ogni frase con la forma corretta del verbo.

ESEMPIO: morire   Le piante non innaffiate **muoiono**.

Morire

1. Alla fine dei film gialli i mostri _____ e gli eroi vivono.

2. Purtroppo qualche volta anche con le cure più aggressive il paziente _____ .

3. Io _____ dalla voglia di viaggiare un'altra volta in Italia.

Tenere

4. Io _____ i miei documenti in borsa.

5. Anna e Marcella _____ tutto nascosto

6. Luigi _____ la sorellina per mano.

Salire

7. Tu _____ in macchina per partire.

8. Noi _____ al piano superiore in ascensore.

9. Tu e Pietro _____ sulla collina a piedi.

Riuscire

10. _____ a mettere tutto in valigia, tu?

11. Con un po' di impegno loro _____ a spendere poco.

12. Io non _____ mai a finire tutti i compiti prima di cena.

Distrarre

13. Tu _____ la tua amica in classe.

14. Io mi _____ con il cellulare.

15. I ragazzi _____ i genitori con le storie.

Introdurre

16. Sabrina mi _____ ai suoi amici quando usciamo.

17. I professori _____ molti nuovi soggetti in classe.

18. Tu _____ cibi nuovi nella tua dieta?

| ESERCIZIO J | **Dillo in italiano!**   Completa ogni frase coniugando il verbo in parentesi in italiano. |

ESEMPIO: (*to translate*)   Noi traduciamo le frasi dall'inglese all' italiano.

1. (*to be able, to succeed*)   I miei nonni _____ a parlare bene l'italiano.

2. (*to die*)   In guerra molte persone _____ per una causa giusta.

3. (*to hold*)   La mamma _____ il bambino in braccio.

4. (*to introduce*)   Io _____ la mia amica al nuovo studente italiano.

5. (*to go up*)   Graziella e Giulio _____ al terzo piano del palazzo.

6. (*to keep*)   Tu _____ il latte fresco in frigo.

7. (*to die*)   Io _____ di paura durante i film gialli.

8. (*to be able, to succeed*)   Io non _____ a telefonare ai miei amici.

9. (*to hold*)   Gli studenti _____ i libri aperti sui banchi.

10. (*to climb*)   L'alpinista _____ la montagna per sport.

11. (*to produce*)   L'Italia _____ ottimo olio d'oliva.

12. (*to compose*)   I musicisti _____ molti bei pezzi musicali.

13. (*to impose*)   Noi non _____ la nostra volontà sugli altri.

14. (*to untie*)   Marina _____ i lacci delle scarpe.

15. (*to choose*)   Per il compleanno della mia amica io _____
     un bel regalo.

6.   Reflexive Verbs and Expressions

Reflexive verbs only differ from other verbs by the use of reflexive pronouns in front of the conjugated form. (Reflexive pronouns: *mi, ti, si, ci, vi, si*)

accorgersi di	*become aware*
sedersi	*to sit*
lamentarsi	*to complain*
ricordarsi	*to remember*
trattarsi di	*to deal with*
rendersi conto di	*to realize*
mettersi d'accordo	*to agree*
trovarsi	*to find oneself, to be located*
riferirsi	*to refer*
aspettarsi	*to expect*

ESERCIZIO K   Rispondi a queste domande in frasi complete.

1. Dove ti siedi quando sei in classe, vicino o lontano dal professore?

   _____

2. Che cosa ti ricordi di fare sempre?

   _____

3. Di che cosa ti lamenti spesso?

   _____

4. Che cosa ti aspetti per il tuo compleanno?

   _____

5. A che cosa si riferisce H_2O?

   _____

6. Dove si trova la Casa Bianca?

_____

7. Su che cosa vi mettete d'accordo tu ed i tuoi amici?

_____

8. Di cosa tratta il film "Guerre Stellari"?

_____

| ESERCIZIO L | **Una conversazione al telefono**   Completa la conversazione tra Vittorio e Pietro con il presente dei verbi indicati. |

VITTORIO: Pronto, chi _____ ? (*parlare*)

PIETRO: _____ io Pietro, che si _____ ? (*essere, dire*)

VITTORIO: Niente di nuovo, tu cosa _____ , sei occupato? (*fare*)

PIETRO: No, non _____ niente, infatti _____ di noia davanti al telegiornale. (*fare, morire*)

VITTORIO: _____ farti una domanda: tu _____ alla partita di hockey domani? (*volere, andare*)

PIETRO: Purtroppo no perchè non _____ un biglietto. (*avere*)

VITTORIO: Per questo ti chiamo, io ho due biglietti, mio fratello non _____ andare perchè non _____ bene. _____ venire tu? (*potere, stare, volere*)

PIETRO: Scherzi? Volentieri! Grazie!

VITTORIO: Allora ci vediamo domani alle 3:00 dopo mangiato.

PIETRO: Senti, io _____ di andare un poco prima e di pranzare in città. (*proporre*)

VITTORIO: Ottima idea, passo a prenderti a mezzogiorno allora.

ESERCIZIO M	**Adesso tocca a te.** Con un compagno di classe, scrivi una conversazione per invitarlo ad uscire con te.

_____

_____

_____

_____

_____

_____

_____

_____

_____

CHAPTER 2
The Imperfect and
Passato Prossimo Compared

1. The Imperfect Tense of Regular Verbs

The imperfect tense expresses repeated or continuous past actions, events or situations. It is also used to describe the circumstances surrounding a past action, emotions, state of being, and actions without a clear beginning or ending. It is equivalent to the English "was/were + -ing" or "used to." Time, weather and age in the past are usually expressed in the imperfect tense.

a. Forms of the imperfect tense:

SUBJECT PRONOUNS	PROVARE *to try*	RIDERE *to laugh*	RIUSCIRE *to succeed*
io	provavo	ridevo	riuscivo
tu	provavi	ridevi	riuscivi
lui/lei	provava	rideva	riusciva
noi	provavamo	ridevamo	riuscivamo
voi	provavate	ridevate	riuscavate
loro	provavano	ridevano	riuscivano

2. Irregular Verbs

The verbs ESSERE, FARE, BERE and DIRE are irregular in the imperfect tense.

SUBJECT PRONOUNS	ESSERE	FARE	BERE	DIRE
io	ero	facevo	bevevo	dicevo
tu	eri	facevi	bevevi	dicevi
lui/lei	era	faceva	beveva	diceva
noi	eravamo	facevamo	bevevamo	dicevamo
voi	eravate	facevate	bevevate	dicevate
loro	erano	facevano	bevevano	dicevano

NOTE: The negative and interrogative constructions in the imperfect follow the same rules as the present tense.

Alice giocava con la bambola ogni giorno.

Alice non giocava con la bambola ogni giorno.

Carlo studiava spesso con gli amici.

Carlo studiava spesso con gli amici?

a. The imperfect is often accompanied by the following expressions.

molte volte	*many times*
a volte	*at times*
ogni tanto	*once in a while*
ogni giorno, mese, anno	*each day, month, year*
sempre	*always*
spesso	*often*
tutti i giorni	*every day*
di solito	*usually*
c'era una volta . . .	*once upon a time . . .*
a dieci anni . . .	*at ten years of age . . .*
da bambino	*as a child*
da giovane	*when I was young*
mentre	*while*

ESEMPI:

Da bambino andavo spesso al parco.   *As a child I used to go to the park often.*
Di solito andavamo al mare a Cape Cod.   *We used to go to the beach in Cape Cod.*
Il pomeriggio guardavo sempre la   *In the afternoon I always watched*
televisione.   *television.*

ESERCIZIO A | **Ti ricordi?** Un gruppo di amici guardano un album di fotografie e parlano del passato. Completa ogni frase con l'imperfetto del verbo in parentesi.

ESEMPIO: (*gridare*)   Ariana **gridava** ogni volta che vedeva un cane.

1. (*minacciare*)   I nostri genitori _____ di non farci giocare insieme.

2. (*lasciare*)   La mia mamma _____ sempre i biscotti sul tavolo.

3. (*scrivere*)   Tu _____ tutto nel tuo diario segreto.

4. (*andare*)   Susanna e Carla non _____ in vacanza con noi.

5. (*spegnere*)   Tu e Simona _____ sempre la luce.

6. (*smontare*)   La sera noi _____ sempre i gioccattoli costruiti con Lego®.

7. (*litigare*)   Io e Gabriella _____ in continuazione.

8. (*volere*)   La nonna Filomena ci _____ molto bene.

9. (*proteggere*)   Noi tutti _____ i nostri segreti.

10. (*dirigere*)   L'estate io _____ dei drammi a casa di Serena.

11. (*leggere*)   La sera noi _____ i nostri libri favoriti.

12. (*bere*)   Voi _____ solo il succo d'arancia fresco.

13. (*essere*)   Ivana e Graziella _____ le mie migliori amiche.

14. (*avere*)   Tu _____ molti giocattoli.

15. (*stringere*) Tu _____ la mia mano troppo forte.

ESERCIZIO B   **Un po' di pratica**   Completa ogni frase del paragrafo con l'imperfetto del verbo indicato.

Da bambino io _____ andare al parco il pomeriggio, Spesso la mamma _____
      1. (amare)   2. (invitare)

il mi amico Daniele a venire con noi, e quei pomeriggi _____ veramente memo-
                                                       3. (essere)

rabili. Noi _____ dappertutto, _____ sulle strutture del parco e poi
           4. (correre)   5. (salire)

_____ a gara per andare sullo scivolo. Dopo il parco, spesso _____ al risto-
6. (fare)   7. (andare)

rante in centro e _____ insieme. A volte durante il fine settimana noi _____
           8. (cenare)   9. (ritornare)

a casa mia dove _____ a divertirci fino a quando _____ andare a dor-
            10. (continuare)   11. (dovere)

mire. Daniele _____ storie paurose e _____ di film di orrore fino a quando
            12. (raccontare)   13. (parlare)

tutti e due _____ paura di chiudere gli occhi. Allora io _____ la mamma
           14. (avere)   15. (chiamare)

e le _____ che noi _____ sete, e con quella scusa noi due _____ e
    16. (dire)   17. (avere)   18. (alzarsi)

_____ un bicchiere di latte. _____ molto bello essere piccolo.
19. (bere)   20. (essere)

3.   The *Passato Prossimo*

a. The past tense or *passato prossimo* is formed by using the present tense of the helping verbs AVERE or ESSERE (also known as auxiliary verbs) and the past participle (*participio passato*) of the verb in question.

b. Transitive verbs, that is, verbs that can take a direct object pronoun, use AVERE as the helping verb in the past tense.

ESEMPI: **Io *ho lavato* i piatti.**   *I washed the dishes.*

             Tu *hai digitato* il numero.   *You dialed the number.*

             La mamma *ha punito* il bambino. *The mother punished the child.*

c. Intransitive verbs, that is, verbs that cannot take a direct object pronoun, use ESSERE as the helping verb in the past tense. Don't forget that when you use ESSERE as the helping verb, the past participle agrees in gender and number with the subject (-*ato, -ata, -ati, -ate*).

ESEMPI:	**Lui è guarito presto.**	*He healed quickly.*
	Lei è cresciuta a Boston.	*She grew up in Boston.*
	Noi siamo arrivati ieri sera.	*We arrived last night.*

> To form the participle change verbs that end in
>
> -*are* to -*ato*
>
> -*ere* to -*uto*
>
> -*ire* to -*ito*

PASSATO PROSSIMO	
PRESTARE *to lend*	RIUSCIRE *to succeed*
io ho prestato	io sono riuscito(a)
tu hai prestato	tu sei riuscito(a)
lui ha prestato	lui è riuscito
lei ha prestato	lei è riuscita
noi abbiamo prestato	noi siamo riusciti(e)
voi avete prestato	voi siete riusciti(e)
loro hanno prestato	loro sono riusciti(e)

Expressions of time are commonly used with the *passato prossimo*.

> **ieri** *yesterday*
>
> **ieri sera** *last night*
>
> **la settimana scorsa** *last week*
>
> **il mese scorso** *last month*
>
> **l'anno scorso** *last year*
>
> **una settimana fa** *a week ago*
>
> **due mesi fa** *two months ago*
>
> **tre anni fa** *three years ago*

4.   Irregular Past Participles

aprire **aperto**	nascondere **nascosto**
bere **bevuto**	offrire **offerto**
chiedere **chiesto**	piangere **pianto**
chiudere **chiuso**	porgere **porso**
condividere **condiviso**	prendere **preso**
conoscere **conosciuto**	pretendere **preteso**
convincere **convinto**	proteggere **protetto**
coprire **coperto**	raccogliere **raccolto**
correggere **corretto**	ridere **riso**
correre **corso**	*rimanere **rimasto**
decidere **deciso**	rinpiangere **rimpianto**
dire **detto**	rispondere **risposto**
distruggere **distrutto**	rompere **rotto**
emettere **emesso**	*scendere **sceso**
*essere **stato**	scrivere **scritto**
fare **fatto**	soffrire **sofferto**
fingere **finto**	spegnere **spento**
interrompere **interrotto**	spendere **speso**
leggere **letto**	*succedere **successo**
mettere **messo**	trascorrere **trascorso**
*morire **morto**	*venire **venuto**
*nascere **nato**	vincere **vinto**

*Verbs conjugated with the helping verb ESSERE

NOTES: 1. Some verbs can be conjugated with either ESSERE or AVERE depending on whether they are used in a transitive or intransitive way.

ESEMPI: **Io ho finito i miei compiti.**

La classe è finita presto oggi.

Other verbs that can be used in a transitive and intransive way are

finire   cominciare   saltare

2. **Correre** is conjugated with the helping verb ESSERE if a place of departure or arrival is mentioned.

ESEMPI: **Sono corso a casa perché ero in ritardo.**

Ho corso la maratona di Boston.

ESERCIZIO C   È fatto!   Completa ogni frase con il passato prossimo. Attenzione a quale verbo ausiliare devi usare!

ESEMPIO: Ieri sera **sono uscito** dopo cena ed **ho incontrato** gli amici al bar.   (*uscire, incontrare*)

1. (*trovare/guadagnare*)   L'estate scorsa _____ un buon lavoro ed

   _____ molto.

2. (*riuscire/vincere*)   Quest'anno io _____ a far parte della squadra di calcio

   e noi _____ il campionato!

3. (*dimagrire/fare*)   Le mie amiche _____ durante l'estate perché

   _____ molta ginnastica.

4. (*correre/finire*)   L'anno scorso mia sorella _____ la maratona ed

   _____ il percorso.

5. (*piangere/ritornare*)   Il mio fratellino _____ fino a quando _____

   la mamma.

6. (*succedere/rispondere*)   Giorgio, cosa _____ ? Perché non _____ al

   telefono?

7. (*mettere/rientrare*)   Ragazzi, dove _____ le mie chiavi quando

   _____ ?

8. (*scrivere/stampare*)   Io _____ tutti i miei compiti al computer e dopo li

   _____ .

9. (*accendere/partire*)   Tu _____ la macchina ma non _____ .

10. (*aiutare/finire*)   Mia zia mi _____ a tagliare l'erba, così io

    _____ presto.

| **ESERCIZIO D** | **La mia amica Chiara**   Completa questo paragrafo con il passato prossimo del verbo in parentesi. |

Ieri _____ un e-mail alla mia amica Chiara perché non _____ sue notizie re-
       1. (Inviare)   *2. (ricevere)*

centemente, ed ero un poco preoccupata. Io _____ molto contenta di ricevere la sua
                                              3. (essere)

risposta nel quale mi _____ tutto quello che _____ in questi mesi. Chiara
                        4. (raccontare)   *5. (fare)*

_____ in Inghilterra per seguire un corso d'inglese ed _____ due mesi con
  6. (andare)   *7. (trascorrere)*

una famiglia inglese. _____ molto, e _____ . Dopo _____ in Italia
                        8. (Imparare)   *9. (divertirsi)*   *10. (rientrare)*

ed _____ la sua tesi per la laurea. Inoltre mi _____ una bellissima notizia; la
    11. (finire)   *12. (dare)*

sua mamma le _____ un biglietto aereo per gli Stati Uniti per la prossima estate. Io
       13. (regalare)

_____ subito da mia madre a dirglielo, e anche lei _____ molto contenta.
14. (correre)   15. (rimanere)

5.   *Passato Prossimo* versus Imperfect

The basic uses of the *passato prossimo* and the imperfect tenses are summarized in the table below.

PASSATO PROSSIMO	IMPERFECT
1. Expresses specific actions and events that were started and completed at a definite point in time. They have a clear beginning and an ending. **Ho parlato al telefono.** *I talked on the phone.*	1. Describes ongoing actions or continuous actions in the past **Parlavo al telefono . . .** *I was talking on the phone . . .*
2. Expresses an action or event that took place at a specific point in time. **I miei parenti sono arrivati alle tre.** *My relatives arrived at 3.* **Sono andata al cinema ieri sera.** *I went to the movies last night.*	2. Describes habitual or repeated actions in the past. **I miei parenti di solito arrivavano tardi.** *My relatives usually arrived late.* **Io ed i miei amici mangiavamo sempre insieme alla mensa.** *My friends and I always ate together in the cafeteria.*
3. Expresses an action or event repeated for a specific number of times **Il bambino è caduto tre volte.** *The child fell three times.* **Ho studiato per tre ore.** *I studied for three hours.*	3. Describes people, things or a state of mind in the past. **La signora era gentile.** *The lady was kind.* **Noi eravamo nervosi.** *We were nervous.* **Il libro era interessante.** *The book was interesting.*
	4. Expresses dates, weather and time in the past. **Era il 6 maggio.** *It was the 6th of May.* **Faceva bel tempo.** *It was nice out.* **Erano le cinque di sera.** *It was five o'clock in the evening.*

NOTES: 1. The imperfect is also used to express an action that was going on in the past when another action took place. The action or event that took place is expressed in the *passato prossimo*.

I bambini giocavano quando la nonna è arrivata.

The children were playing when the grandmother arrived.

2. The verbs SAPERE and CONOSCERE have different meanings in the imperfect and the *passato prossimo*.

Sapevo means *I knew a fact.*   **Conoscevo** means *I knew/used to know a person.*

Ho saputo means *I heard/found out.*   **Ho conosciuto** means *I met.*

ESERCIZIO E   **Una giornata emozionante** Leggi il brano, e scegli il tempo del verbo che meglio completa ogni frase.

Ieri io ed alcuni amici _____ una giornata molto emozionante per-
                                    1. (abbiamo avuto/avevamo)

ché _____ le lettere di accettazione dalle università alle quali
      2. (abbiamo aspettato/aspettavamo)

_____ domande di ammissione. Nessuno di noi _____
3. (abbiamo fatto/facevamo)   *4. (ha voluto/voleva)*

uscire di casa, neanche per andare a scuola. L'unica cosa che _____
                                                                5. (abbiamo desiderato/desideravamo)

fare _____ di aspettare l'arrivo della posta; purtroppo i miei genitori non mi
      6. (è stata/era)

_____ di saltare la scuola. Dopo le lezioni _____
7. (hanno permesso/permettevano)   *8. (sono ritornato/ritornavo)*

correndo a casa, _____ la posta dalla cassetta, non c'_____ niente.
                  9. (ho preso/prendevo)   *10. (è stato/era)*

Quando _____ in casa _____ nervosissimo. Perché
        11. (sono ritornato/ritornavo)   *12. (sono stata/ero)*

non _____ nessuna risposta? Sulla tavola, nella sala da pranzo
     13. (ho ricevuto/ricevevo)

_____ una lettera con il marchio dell'università. _____
14. (ho notato/notavo)   *15. (ho cominciato/cominciavo)*

ad aprirla, ma mi _____ le mani dalla paura. L'_____ a mia
                  16. (sono tremate/tremavano)   *17. (ho data/dare)*

madre, ed appena _____ la lettera _____ a gridare e ad ab-
                  18. (ha aperto/apriva)   *19. (si è messa/si metteva)*

bracciarmi. Senza dubbio _____ buone notizie, meno male!
                          20. (sono state/erano)

ESERCIZIO F   **Tutto cambia.** Scrivi una frase indicando che di solito facevi la prima azione, ma che ieri hai fatto la seconda.

ESEMPIO: Di solito **andavo** a Cape Cod in estate, ma ieri **sono andato(a)** al New Hampshire.

1. guardare la televisione/ andare al cinema

   Di solito guardavo la televisore, ma questo tempo sono andata al cinema

2. studiare nella mia camera/ studiare in cucina

   _____

3. andare a scuola in autobus/ andare in macchina con il mio amico

   _____

4. andare d'accordo con la mamma/litigare

   _____

5. ridere durante i film/ piangere

   _____

6. mangiare la pizza a pranzo/ mangiare un panino

   _____

7. riciclare la carta/ buttare la carta nella spazzatura

   _____

8. accendere la radio in macchina/ spegnere la radio subito

   _____

9. dire la verità/mentire

   _____

10. partire da casa alle 15/partire alle 20

    _____

ESERCIZIO G   **Perchè?** Descrivi che cosa ha fatto ogni persona e come si sentiva.

ESEMPIO: Io/mangiare
          Ho mangiato perchè avevo fame.

1. Lui/dormire

   Lui ha dormito perche lui era stanco
   _____

2. Noi/riposarsi

   Noi si siamo riposati perche riposavamo

3. La bambina/piangere

   La bambina ha pianto perche aveva fame.

4. La professoressa/bere

   La professoressa ha bevuto perché era stanca

5. Tu e Simona/urlare

   Tu e Simona avete urlato

6. I ragazzi/ridere

   I ragazzi hanno riduto perche lui era buffo

7. Io /correre

   Ho corso a classe perche ero in ritardo

8. Noi/festeggiare

   Noi abbiamo festeggiato perché erano

ESERCIZIO H   **Cosa facevano?**   Stamattina la professoressa è arrivata con qualche minuto di ritardo. Descrivi cosa facevano gli studenti quando la professoressa è arrivata.

ESEMPIO: Carlo/studiare per il quiz
Quando la professoressa è arrivata, Carlo studiava per il quiz.

1. Marisa/scrivere alla lavagna

   _____

2. Jenni e Vanessa/litigare

   _____

3. Sara/giocare con il telefonino

   _____

4. Voi tutti/urlare

   _____

5. Luca/aprire la finestra

   _____

6. Io e Marco/raccontare barzellette

_____

7. Alessandro/fare colazione

_____

8. Federico e Carmine/discutere di sport

_____

9. Serena/ascoltare l'ipod

_____

10. Gianluca/correre per la classe

_____

| **ESERCIZIO I** | **Che bel film!** Descrivi la giornata di Giuliana. Riscrivi il paragrafo e metti i verbi in neretto al passato prossimo o all'imperfetto. |

Quando **sono** in vacanza **esco** tutte le mattine a fare una passeggiata. Un giorno, mentre **faccio** la mia solita camminata, **vedo** un annuncio per un teatro che **dà** un film tridimensionale. Questo mi **interessa** perché **ho** voglia di vedere questo genere di film. L'annuncio **dice** che i biglietti **costano** otto euro e che il film **dura** soltanto dieci minuti. Questo mi **sembra** un prezzo molto alto, ma **sono** curiosa, e **decido** di vedere il film alle undici perché a quell'ora **costa** un po' di meno.

Arrivo alla biglietteria e **compro** il biglietto. **Sono** molto sorpresa quando mi **spiegano** che per vedere il film **bisogna** essere in forma, mi **sembra** una cosa strana. **Entro** nella sala e un impiegato mi **dà** un casco di realtà virtuale. Mi **dice** di sedermi e di allacciare la cintura di sicurezza. Un minuto dopo **viaggio** a tutta velocità nello spazio dove **combatto** contro degli extraterrestri. È incredibile, tutto **sembra** molto reale e **ho** talmente paura che **afferro** il braccio di un mio vicino.

Alla fine del film **ho** le vertigini ed **ho** mal di stomaco, ma **sono** contenta di averlo visto. Che esperienza straordinaria! **Consiglio** il film a tutti quelli che **conosco**. È veramente formidabile.

Quando ero in vacanzo sono uscita tutte le mattine
mentre facevo la mia solita camminato ho
visto un annuncio per un teatro che ha dato un film
ha detto che i biglietti costerano otto euro

e che il film durava soltanto dieci mesi

mi ho sopportato ero curiosa e ha deciso

sono arrivato e ho comprato Ero

mi è spiegato mi è sembrato Entra

Mi ho detto è stato sembrava

avevo afferrato ho avuto

avevo ero

CHAPTER 3
The Future and Conditional Tenses

1. The Future (*Il Futuro*) Tense

The future tense expresses actions that have yet to happen. In English it is expressed by adding "will" or "shall." In Italian the future tense is formed by dropping the final -e of the infinitive and replacing it with the specific ending for each personal pronoun. The future endings are the same for all three conjugations, however, the "a" of -**are** infinitives changes to "e" before adding the future endings -ò, -ai, -à, -emo, -ete, -anno.

The future tense is conjugated as follows:

SUBJECT PRONOUNS	GUADAGNARE *to earn*	CHIEDERE *to ask for*	RIUSCIRE *to succeed*
io	guadagnerò	chiederò	riuscirò
tu	guadagnerai	chiederai	riuscirai
lui/lei	guadagnerà	chiederà	riuscirà
noi	guadagneremo	chiederemo	riusciremo
voi	guadagnerete	chiederete	riuscirese
loro	guadagneranno	chiederanno	riusciranno

a. In order to keep the same pronunciation, verbs that end in -*care* or -*gare* add an *h* before the future ending.

> **Più tardi io *scaricherò* musica dal computer.**
> *Later I will download music from the computer.*
>
> **Loro si *legheranno* i lacci delle scarpe.** *They will tie their shoe laces.*

b. For the same reason of pronunciation, verbs that end in -*ciare* and -*giare* drop the last *i* before the ending.

> **Il bambino *bacerà* la mamma prima di andare a dormire.**
> *The child will kiss his mom before he goes to sleep.*
>
> **Noi *parcheggeremo* davanti alla scuola.**
> *We will park in front of the school.*

c. The future tense is also used to express probability or to make an educated guess.

> **Cosa mangia Stella a pranzo?** *What is Stella eating for lunch?*
> **Non so, mangerà un panino.** *I don't know, she is probably eating a sandwich.*

d. Future tense of irregular verbs

The same endings are used for regular and irregular verbs in the future tense, only the stem of the verb changes.

ESEMPI: Stasera *sarò* stanco perchè lavorerò tutto il pomeriggio.
This evening I will be tired because I will work all afternoon.

L'estate prossima *andremo* a Roma e vedremo il Colosseo.
Next summer we'll go to Rome and we'll see the Colosseum.

essere	sarò
bere	berrò
rimanere	rimarrò
venire	verrò
volere	vorrò
fare	farò
dare	darò
stare	starò
andare	andrò
avere	avrò
cadere	cadrò
dovere	dovrò
potere	potrò
vedere	vedrò
vivere	vivrò
sapere	saprò

Espressioni usati comunemente con il futuro
domani *tomorrow*
dopodomani *the day after tomorrow*
fra qualche giorno *in a few days*
la settimana prossima *next week*
l'anno venturo *next year*
in futuro *in the future*
da grande *when I grow up*

ESERCIZIO A   **Da oggi a domani**   Cambia i seguenti verbi dal presente al futuro.

ESEMPIO: Piange   **Piangerà**

OGGI   DOMANI

1. Dubito   _____

2. Vedono   _____

	OGGI	DOMANI
3.	Brucia	_____
4.	Scappano	_____
5.	Finge	_____
6.	Date	_____
7.	Elenco	_____
8.	Tradisce	_____
9.	È	_____
10.	Vogliono	_____
11.	Stringete	_____
12.	Avvertiamo	_____
13.	Abbiamo	_____
14.	Crescono	_____
15.	Rimanete	_____
16.	Ricicli	_____
17.	Possono	_____
18.	Salviamo	_____
19.	Perdono	_____
20.	Corregge	_____
21.	Spiega	_____
22.	Cade	_____
23.	Aiuti	_____
24.	Vivete	_____
25.	Sanno	_____

ESERCIZIO B   **Si parte**   La tua famiglia si sta preparando per una vacanza. Rispondi ad ogni domanda usando il futuro.

ESEMPIO: Quando partirete?   **Partiremo domani mattina.**

1. Chi verrà?   _____

2. Dove andrete? _____

3. A che ora partirete? _____

4. Come viaggerete? _____

5. Quanto durerà la vacanza? _____

6. Che tempo farà? _____

7. Che cosa farai tu in vacanza? _____

8. Come sarà l'albergo? _____

9. Cosa vedrete di bello? _____

10. Dove mangerete? _____

ESERCIZIO C   **Ah . . . la bella estate!**   Pensa all'estate prossima e rispondi alle seguenti domande in modo positivo o negativo.

ESEMPIO: Farai molti compiti?   **No, non farò molti compiti.**

1. Lavorerai a tempo pieno? _____

2. Ti incontrerai spesso con gli amici? _____

3. Viaggerai all'estero? _____

4. Imparerai a cucinare? _____

5. Chiacchiererai in italiano con qualcuno? _____

6. Festeggerai una ricorrenza importante? _____

7. Ti preparerai per l'università? _____

8. Pianterai un orto? _____

9. Sprecherai tempo senza far niente? _____

10. Taglierai l'erba a casa? _____

11. Trascurerai le tue cose? _____

12. Riuscirai a rilassarti? _____

13. Rifletterai sul tuo futuro? _____

14. Farai molto sport? _____

15. Costruirai castelli di sabbia sulla spiaggia? _____

ESERCIZIO D   **Scioglilingua**   Impara a memoria questo simpatico scioglilingua.

> **Oggi non è sereno**
> **Domani seren sarà**
> **Se non sarà sereno, si rasserenerà**

ESERCIZIO E   **Tocca a te**   Quali sono le previsioni metereologiche per domani e dopodomani? Scrivi sia il tempo che le temperature per il giorno e per la sera.

_____

_____

_____

_____

_____

ESERCIZIO F   **Quante cose da fare!**   Ogni giorno la nostra vita diventa sempre più impegnata. Usando il futuro di *dovere* elenca sette attività da fare domani.

ESEMPIO: **Dovrò andare in biblioteca.**

_____

_____

_____

_____

_____

_____

_____

ESERCIZIO G   **Salvare l'ambiente**   Tu sei stato eletto presidente del Circolo Verde della scuola. Elenca cinque attività che farete per essere più amichevoli verso l'ambiente.

1. _____

2. _____

3. _____

4. _____

5. _____

ESERCIZIO H   **La chiromante.**   Prevedi il futuro di un tuo compagno di classe. Cosa ci sarà nel suo futuro? Scrivi almeno sette possibilità.

1. _____

2. _____

3. _____

4. _____

5. _____

6. _____

7. _____

ESERCIZIO I   **Indovina un po'**   Usa il futuro per indovinare le seguenti possibilità.

ESEMPIO: Quale programma televisivo preferisce il tuo professore?
Non lo so, preferirà il telegiornale.

1. Che cosa mangi stasera? _____

2. Che tempo fa domani? _____

3. Che cosa c'è nello zaino della tua amica? _____

4. Che voto hai in italiano? _____

5. Quanti anni ha il/la preside? _____

6. Chi vince il prossimo Superbowl? _____

7. Dov'è tuo padre? _____

8. Che cosa ricevi per il tuo compleanno? _____

9. Dove vai questo weekend? _____

10. Quanto costa un biglietto in aereo per l'Italia? _____

ESERCIZIO J   **Parliamo.** Seguendo le illustrazioni, descrivi dettagliatamente che cosa
farà Angela nel prossimo futuro.

2.   The Conditional (*Il Condizionale*) Tense

The conditional tense expresses a potential action, one that has a "condition" attached
to it. It translates to the English "would" and is formed in the same way as the future
tense. It is used also to express politeness.

Esempi:	**Parlerei a mia madre ma non è in casa.**	*I would speak to my mother but she is not home.*
	Entreremmo ma la porta è chiusa.	*We would go in but the door is closed.*
	Ti darei il mio libro ma mi serve.	*I would give you my book but I need it.*
	Vorrebbe dieci francobolli per gli USA.	*He would like 10 stamps for the USA.*
	Vorremmo venire con voi.	*We would like to come with you.*
	Mi piacerebbe conoscere quella ragazza.	*I would like to meet that girl.*

The conditional endings are the same for all three conjugations, however the **-a** of **-are**
infinitives changes to **-e** before adding the conditional endings: *-ei -esti -ebbe -emmo
-este -ebbero*

The conditional is conjugated as follows:

SUBJECT PRONOUNS	GUADAGNARE *to earn*	CHIEDERE *to ask for*	RIUSCIRE *to succeed*
io	guadagnerei	chiederei	riuscirei
tu	guadagneresti	chiederesti	riusciresti
lui/lei	guadagnerebbe	chiederebbe	riuscirebbe
noi	guadagneremmo	chiederemmo	riusciremmo
voi	guadagnereste	chiedereste	riuscireste
loro	guadagnerebbero	chiederebbero	riuscirebbero

In order to keep the same pronunciation the conditional follows the same pattern as the future

a. Verbs that end in **-care** or **-gare** add an "h" before the future ending

Scaricherei la musica, ma il computer non funziona.
I would download music, but my computer is not working.

Legherei un fiocco sul regalo, ma non ho il nastro.
I would tie a bow on the gift, but I don't have a ribbon.

b. Verbs that end in **-ciare** and **-giare** drop the last "i" before the ending.

Sono così contenta che ti *bacerei*.	*I am so happy, I could kiss you.*
Parcheggerebbero qui, ma è vietato.	*They would park here, but it is forbidden.*

c. The verb *dovere* also translates as *"should"* and conveys a sense of obligation.

Dovresti studiare di più.	*You should study more.*
Dovrebbe risparmiare soldi per l'università.	*He should save money for college.*
Non dovremmo arrivare in ritardo.	*We shouldn't arrive late.*

d. Conditional tense of irregular verbs

The irregular stems of the future are also used in the conditional tense, the conditional endings are the same as the regular verbs.

essere	sarei
bere	berrei
rimanere	rimarrei
venire	verrei
volere	vorrei
fare	farei
dare	darei
stare	starei
andare	andrei

avere	avrei
cadere	cadrei
dovere	dovrei
potere	potrei
vedere	vedrei
vivere	vivrei
sapere	saprei

ESERCIZIO K   **A ripensarci**   Un gruppo di amici sta ripensando all'anno scolastico che sta per finire e dicono che cosa cambierebbero se fosse possibile. Completa le loro frasi.

ESEMPIO: (*andare*)   Marco **andrebbe** a letto più presto la sera.

1. (*impegnarsi*)   Tu _____ di più in matematica.

2. (*fare*)   Io e Loredana _____ più attenzione ai consigli dei professori.

3. (*leggere*)   Carlo _____ meno fumetti e più romanzi.

4. (*prendere*)   Io _____ più appunti durante la lezione di fisica.

5. (*arrivare*)   Tu e Barbara non _____ a scuola tardi molto spesso.

6. (*giocare*)   Francesca _____ sia a calcio che a pallavolo.

7. (*camminare*)   Tutti noi _____ invece di farci accompagnare in macchina.

8. (*partecipare*)   Tito e Piero _____ più attivamente al Circolo Italiano.

9. (*lavorare*)   Io _____ solo il weekend per avere più tempo.

10. (*trascurare*)   Tu non _____ di studiare prima di un esame.

11. (*seguire*)   Giovanni _____ una dieta sana.

12. (*sprecare*)   Io non _____ tanto tempo al telefono o al computer.

ESERCIZIO L   **Guarda come si somigliano**   Facendo attenzione alla similarità fra i due tempi cambia I seguenti verbi dal futuro al condizionale.

ESEMPIO: Verrò   Verrei

1. Potrò   _____

2. Daremo   _____

3. Sarai   _____

4. Avrete   _____

5. Vedrai   _____

6. Andrò   _____

7. Vorranno   _____

8. Potrete   _____

9. Berrà   _____

10. Rimarremo   _____

11. Dovrai   _____

12. Staranno   _____

13. Vivrete   _____

14. Saprai   _____

15. Cadrà   _____

ESERCIZIO M   **Che fortuna vincere alla lotteria.**   Se tu vincessi tanti milioni di dollari alla lotteria, faresti o non faresti le seguenti cose?

EsEMPIO: Comprare una casa grande per la mia famiglia   **Sì, comprerei una casa grande per la mia famiglia.**

1. Pagare i debiti   _____

2. Aprire un conto in banca   _____

3. Viaggiare all'estero   _____

4. Stabilire una borsa di studio a mio nome   _____

5. Comprare un'automobile di lusso   _____

6. Mandare i genitori in una crociera   _____

7. Continuare a lavorare   _____

8. Fare regali stravaganti agli amici   _____

9. Donare a organizzazioni caritatevoli   _____

10. Costruire una biblioteca a nome mio   _____

11. Comprare un'opera d'arte importante   _____

12. Diventare un filantropo   _____

13. Acquistare un superattico in un grattacielo di NY   _____

14. Investire in Borsa (stock market)   _____

15. Finanziare ricerche mediche   _____

| ESERCIZIO N | **Sogna ad occhi aperti**   Se tutto fosse possibile rispondi alle seguenti domande e giustifica la tua scelta.

1. In quale città vivresti e perché?

   _____

2. Che lavoro faresti e perché?

   _____

3. Quale personaggio storico vorresti conoscere e perché?

   _____

4. Che cosa diresti a tuo figlio a proposito della scuola e perché?

   _____

5. Che cosa porteresti con te sulla luna e perché?

   _____

6. Quale sarebbe il problema sociale che vorresti risolvere e perché?

   _____

7. A quale università ti iscriveresti e perché?

   _____

8. Quale canzone sceglieresti come il tuo inno personale e perché?

   _____

9. Quale regola scolastica elimineresti e perché?

   _____

10. Con quale personalità attuale ti piacerebbe avere una franca conversazione e perché?

    _____

CHAPTER 4
Compound Tenses

1. Forming the Compound Tenses

Compound tenses are formed by combining the auxiliary verbs *AVERE* or *ESSERE* with the past participle of a given verb.

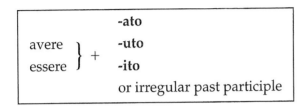

a. Transitive verbs use *AVERE* as the auxiliary. The past participle remains unchanged unless the verb is preceded by a direct object pronoun.

ESEMPI:	**Io *ho lavato* i piatti dopo cena.**	*I washed the dishes after dinner.*
	Io li *ho lavati* dopo cena.	*I washed them after dinner.*
	La ragazza *ha accompagnato* le sorelle a scuola.	*The girl accompanied the sisters to school.*
	La ragazza le *ha accompagnate* a scuola.	*The girl accompanied them to school.*

b. Intransitive verbs use *ESSERE* as the auxiliary. The past participle always agrees in gender and number with the subject.

ESEMPI:	**Anna *è riuscita* a trovare un impiego.**	*Anna succeeded in finding employment.*
	I ragazzi *sono dimagriti* facendo sport.	*The boys lost weight doing sports.*
	Pietro, *sei guarito* dal tuo raffreddore?	*Pietro, did you get better from your cold?*

c. All reflexive verbs take *ESSERE* in compound tenses.

ESEMPI:	**Sabato mattina *mi sono alzato* più tardi del solito.**	*Saturday morning I got up later than usual.*
	Angela *si è dimenticata* di telefonare.	*Anna forgot to call.*
	Durante la gita i ragazzi *si sono divertiti*.	*During the field trip the boys had a good time.*

A verb tense defines the time in which the action takes place. Analyze the following table and see how each "simple" tense corresponds to a "compound tense" that expresses a past and completed action.

Verbi Semplici		Verbi Composti	
Presente		**Passato Prossimo**	
Aiuto	*I help*	**Ho aiutato**	*I helped*
Cado	*I fall*	**Sono caduto**	*I fell*
Imperfetto		**Trapassato Prossimo**	
Aiutavo	*I used to help*	**Avevo aiutato**	*I had helped*
Cadevo	*I used to fall*	**Ero caduto**	*I had fallen*
Futuro		**Futuro Anteriore**	
Aiuterò	*I will help*	**Avrò aiutato**	*I will have helped*
Cadrò	*I will fall*	**Sarò caduto**	*I will have fallen*
Condizionale		**Condizionale Passato**	
Aiuterei	*I would help*	**Avrei aiutato**	*I would have helped*
Cadrei	*I would fall*	**Sarei caduto**	*I would have fallen*

ESERCIZIO A   Pratica   Completare la seguente tabella con i verbi mancanti.

ESEMPIO:

Ho camminato	Avevo camminato	Avrò camminato	Avrei camminato

Passato Prossimo	Trapassato Prossimo	Futuro Anteriore	Condizionale Passato
1. Hanno parlato			
2.	Eri sceso		
3.			Sareste partiti
4.		Avranno letto	
5.	Era venuto		
6. Ha spiegato			
7. È morto			
8.	Aveva studiato		
9.	Avevano saputo		
10. Siamo usciti			

11.			Avremmo spento
12.		Avrai viaggiato	
13. Ho parlato			
14. Ha baciato			
15.			Avrebbero pensato
16.		Saranno arrivati	
17. Avete ascoltato			
18.	Avevamo ordinato		
19.		Avrai prestato	
20.		Sarà diventato	

2. Present Perfect (*Passato Prossimo*)

As explained in Chapter 2, the *passato prossimo* expresses an action completed in the past. It is the most commonly used past tense in conversational Italian.

ESERCIZIO B	**Che settimana!** Pensa alla settimana scorsa ed elenca tre attività che hai fatto ogni giorno senza ripetizioni.

lunedì	1. _____ 2. _____ 3. _____
martedì	1. _____ 2. _____ 3. _____
mercoledì	1. _____ 2. _____ 3. _____
giovedì	1. _____ 2. _____ 3. _____

venerdì	1. _____
	2. _____
	3. _____
sabato	1. _____
	2. _____
	3. _____
domenica	1. _____
	2. _____
	3. _____

ESERCIZIO C   **Momenti nella storia**   Completare ogni frase nel passato prossimo con il verbo indicato.

ESEMPIO: (*scolpire*)   Michelangelo **ha scolpito** il Davide.

1. (*morire*)   Napoleone _____ il 5 maggio.

2. (*essere*)   Vittorio Emanuele II _____ il primo Re d'Italia.

3. (*dire*)   Galileo Galilei _____ della Terra "Eppur si muove."

4. (*scrivere*)   Giuseppe Mazzini _____ *La Giovane Italia*.

5. (*avere*)   Le Opere di Giuseppe Verdi _____ sempre molto successo.

6. (*accompagnare*)   Virgilio _____ Dante attraverso il viaggio allegorico della *Divina Commedia*.

7. (*vincere*)   Nel 1989 Rita Levi Montalcini _____ il Premio Nobel per la medicina.

8. (*offrirsi*)   Camillo Benso Conte di Cavour _____ di aiutare con l'Unificazione d'Italia.

9. (*rimanere*)   Dopo aver lasciato l'Italia Enrico Fermi _____ a fare ricerche negli USA.

10. (*inventare*)   Evangelista Torricelli _____ il barometro.

| ESERCIZIO D | **In passato . . .**   Tradurre le seguenti frasi in italiano. |

1. We visited Italy last year during a school exchange

   _____

2. Last night I had a strange dream.

   _____

3. Mom, have you seen my watch?

   _____

4. Last year they spent two weeks in Sicily.

   _____

5. She has not paid the bill yet.

   _____

6. I closed the door and opened the windows.

   _____

7. The results of the exams arrived this morning.

   _____

8. Maria has gone to the cinema with friends.

   _____

9. The girls got up very early and walked to school.

   _____

10. Franco got dressed in a hurry and left the house.

    _____

11. The children fell asleep as soon as they went to bed.

    _____

12. Last month Giuliana was in Florence on holiday.

    _____

13. We just arrived while the others arrived two hours ago.

    _____

14. She went out and got into the car.

_____

15. The boys went home some time ago.

_____

3.   The Pluperfect (_Trapassato Prossimo_)

a. The pluperfect (or past perfect) is used when an action has already happened prior to another past action. In English it is expressed with "had" followed by the past participle of the verb: _we had seen, she had spoken, etc._ This compound tense is formed by the imperfect of the helping verb ESSERE or AVERE and the past participle.

ESEMPI: Loro **erano arrivati** da diverse ore quando ho telefonato.
They had arrived several hours before I called.

Tu **avevi consegnato** l'esame quando è suonata la campanella.
You had handed in the exam when the bell rang.

I bambini **avevano gridato** "Aiuto!" perchè hanno visto un ragno.
The children had screamed "Help" because they saw a spider.

Io **avevo messo** già tutto in frigorifero alle cinque.
I had already put everything in the refrigerator at 5 P.M.

FESTEGGIARE	
io avevo festeggiato	_I had celebrated_
tu avevi festeggiato	_you had celebrated_
lui/lei aveva festeggiato	_he/she had celebrated_
noi avevamo festeggiato	_we had celebrated_
voi avevate festeggiato	_you had celebrated_
loro avevano festeggiato	_they had celebrated_

DIVENTARE	
io ero diventato(a)	_I had become_
tu eri diventato(a)	_you had become_
lui/lei era diventato(a)	_he/she had become_
noi eravamo diventati(e)	_we had become_
voi eravate diventati(e)	_you had become_
loro erano diventati(e)	_they had become_

ESERCIZIO E   Ancora prima . . .   Completare le frasi con il trapassato prossimo.

ESEMPIO: (_uscire_)   Quando ho visitato la mia famiglia, mio padre **era uscito** dall'ospedale.

1. (*avvertire*)   Quando ti ho telefonato, io _____ già i miei genitori.

2. (*visitare*)   Prima di quest'anno la mia famiglia _____ l'Italia.

3. (*morire*)   Quando l'abbiamo saputo, lui _____ da un mese.

4. (*inviare*)   Ho rivevuto la cartolina che voi _____ da Bologna.

5. (*essere*)   Prima di essere il mio professore, il signor Balducci _____
il professore di papà.

6. (*smontare*)   Marco _____ la bicicletta quando Michele è arrivato.

7. (*bere*)   Mario non mi ha detto che _____ prima di guidare!
È pericoloso!

8. (*arrivare*)   Quando sono giunto alla stazione, il treno _____ da poco.

9. (*diventare*)   Mentre parlavo al telefono, la mia cena _____ fredda.

10. (*ordinare*)   Mentre aspettavi noi, tu _____ già le pizze.

11. (*indovinare*)   Il bambino _____ cosa c'era nella scatola.

12. (*dimagrire*)   Quando abbiamo rivisto la signora, lei _____ di parecchi
chili.

ESERCIZIO F   **Già fatto!**   Cambiare dal passato prossimo al trapassato prossimo.

ESEMPIO: Hanno proibito   **Avevano proibito**

1. Ho letto	_____
2. Siamo entrati	_____
3. Hanno visto	_____
4. È nato	_____
5. Abbiamo imparato	_____
6. Hai viaggiato	_____
7. Sei uscito	_____
8. Avete detto	_____
9. Siete andati	_____
10. Ho spedito	_____

ESERCIZIO G   **E in italiano?**   Tradurre le seguenti frasi in italiano.

1. When you called me I had finished dinner.

   _____

2. Last night at 10 they had already gone to the airport.

   _____

3. My parents had bought a house near Naples before they left for the USA.

   _____

4. Because I had forgotten to telephone I had to return home alone.

   _____

5. When she arrived the train had already left.

   _____

6. They had cancelled our flight because of bad weather.

   _____

7. We had traveled for more then ten hours in order to arrive at our destination.

   _____

8. I discovered that all of you had received the same letter.

   _____

9. Before coming with us she had asked her parents for permission.

   _____

10. Mario had never seen anything that beautiful!

   _____

4.   Future Perfect (*Futuro Anteriore*)

The future perfect expresses an action that has not yet happened but will be completed by a specific time in the future.

ESEMPI: **Domani mattina *saremo arrivati* a Roma.**   *Tomorrow morning we will have arrived in Rome.*

Fra due anni *mi sarò laureato.*   *In two years I will have graduated.*

Per la fine del mese *avrò finito* **la mia ricerca.**   *By the end of the month, I will have finished my research.*

GUADAGNARE	
io avrò guadagnato	*I will have earned*
tu avrai guadagnato	*you will have earned*
lui/lei avrà guadagnato	*he/she will have earned*
noi avremo guadagnato	*we will have earned*
voi avrete guadagnato	*you will have earned*
loro avranno guadagnato	*they will have earned*

RIUSCIRE	
io sarò riuscito(a)	*I will have succeeded*
tu sarai riuscito(a)	*you will have succeeded*
lui/lei sarà riuscito(a)	*he/she will have succeeded*
noi saremo riusciti(e)	*we will have succeeded*
voi sarete riusciti(e)	*you will have succeeded*
loro sarebbero riusciti(e)	*they will have succeeded*

ESERCIZIO H   **Nel lontano futuro...** Cambiare dal futuro semplice al futuro anteriore.

1. Taglieremo	_____
2. Toccherai	_____
3. Spenderanno	_____
4. Succederà	_____
5. Si sposeranno	_____
6. Correrò	_____
7. Ci troveremo	_____
8. Condividerete	_____
9. Riciclerai	_____
10. Pagherò	_____

| ESERCIZIO I | E in italiano?   Tradurre le suguenti frasi in italiano. |

1. At 22 years of age I will have graduated from college.

_____

2. Marta will have spoken to him today.

_____

3. They will have sent the invitations by mail.

_____

4. All of us will have been friends for years.

_____

5. When I return home my mother will have cooked dinner.

_____

6. Will you have finished your homework by tonight?

_____

7. You and Carlo will have paid the bill.

_____

8. I will not have been able to save much money.

_____

9. The teacher will have corrected all the exams.

_____

10. Will the baby be born before Christmas?

_____

| ESERCIZIO J | Guardando nella sfera di cristallo.   Imagine that you are looking into a crystal ball and predict eight things that you'll have accomplished ten years from now. |

ESEMPIO: **Fra dieci anni avrò deciso la mia carriera.**

Fra dieci anni _____

_____

_____

_____

_____

_____

_____

_____

5.   Past Conditional (*Condizionale Passato*)

PENSARE	
io avrei pensato	*I would have thought*
tu avresti pensato	*you would have thought*
lui/lei avrebbe pensato	*he/she would have thought*
noi avremmo pensato	*we would have thought*
voi avreste pensato	*you would have thought*
loro avrebbero pensato	*they would have thought*

SCAPPARE	
io sarei scappato(a)	*I would have run away*
tu saresti scappato(a)	*you would have run away*
lui/lei sarebbe scappato(a)	*he/she would have run away*
noi saremmo scappati(e)	*we would have run away*
voi sareste scappati(e)	*you would have run away*
loro sarebbero scappati(e)	*they would have run away*

ESERCIZIO K   **E in italiano?**   Tradurre le suguenti frasi in italiano.

Esempio: She would have called her relatives, but she didn't have a calling card.
     Lei avrebbe telefonato ai suoi parenti, ma non aveva una scheda telefonica.

1. I would have reserved the hotel last week, but I didn't have a credit card.

_____

2. Maria would have come to the party but she is ill.

_____

3. They would have gone out, but they were tired.

_____

4. It would have been difficult to see them.

_____

5. They would have bought me a car for my birthday, but it cost too much.

_____

6. Claudia could have taken her exam last week, but she wasn't ready.

_____

7. You would have gone to the doctor yesterday, but there was no time.

_____

8. Giorgio would have liked to accompany you to the airport.

_____

ESERCIZIO L   **Ricordi del mio scambio scolastico.**   Completa il seguente brano con i verbi elencati a destra.

Mentre mi _____ per andare in Italia non

1.

_____ mai che durante quelle due setti-

2.

mane _____ tanto. Quando io e i miei com-

3.

pagni _____ all'aeroporto di Lamezia

4.

c' _____ tutti i nostri partner calabresi ad aspet-

5.

tarci. Chi _____ immagginare che entro po-

6.

chi giorni _____ migliori amici. Tutti insieme

7.

_____ i nostri bagagli sull'autobus e dopo

8.

un'oretta di viaggio _____ finalmente a Soverato.

9.

Che bello vedere per la prima volta il Mar Ionio! La famiglia che

mi _____ durante lo scambio abita a poca di-

10.

stanza dalla scuola e io ed il mio partner _____

11.

da casa al liceo ogni giorno. A Soverato c'è una piazza centrale

siamo arrivati
erano
preparavo
mi sono innamorato
rimarrà
mi sarei divertito
poteva
saremmo diventati
abbiamo caricato
avrei sognato
siamo arrivati
ci incontravamo
andavamo
camminavamo
avrebbe ospitato

dove noi ragazzi _____ tutte le sere per passare
12.

tempo insieme e conoscerci meglio. C'è anche un bellissimo lun-

gomare dove _____ ogni pomeriggio per fare
13.

passeggiate e mangiare gelati. Dal primo giorno del nostro arrivo

_____ di questa cittadina. Soverato nei miei ri-
14.

cordi _____ sempre un piccolo angolo di paradiso.
15.

CHAPTER 5
Nouns

1. Gender of Nouns

All nouns are either masculine or feminine, and they usually end in a vowel. In general, nouns that end in -o are masculine, those ending in -a are feminine. Nouns that end in -e can be either masculine or feminine. Whatever the ending is, the corresponding article always defines the gender of a noun.

a. Nouns that end in -ore and -ere are masculine.

il dottore *doctor*   **il signore** *gentleman*
il cameriere *waiter*   **il parrucchiere** *hairdresser*

b. Nouns that end in -zione are feminine.

la lezione *lesson*   **la stazione** *station*
la nazione *nation*   **la funzione** *function*

c. Nouns that end in -i, -ie, and -ù, are feminine.

la crisi *crisis*   **la tesi** *thesis*   **la virtù** *virtue*   **la serie** *series*

d. Some nouns end in -ma, but are masculine.

il programma *program*   **il teorema** *theorem*   **il tema** *theme, essay*

e. Some nouns ending in -e, -a, and -ista can be both masculine and feminine.

il nipote *nephew, grandson*   **la nipote** *niece, grandaughter*
il giovane *young man*   **la giovane** *young woman*
il cantante *male singer*   **la cantante** *female singer*
il giornalista *male journalist* **la giornalista** *female journalist*
il collega *male colleague*   **la collega** *female colleague*
l'atleta *male athlete*   **l'atleta** *female athlete*

f. In the case of horticulture, the name of most trees is masculine and the name of the fruit they produce is feminine.

l'arancio *the orange tree*   **l'arancia** *the orange*
il pero *the pear tree*   **la pera** *the pear*
il melo *the apple tree*   **la mela** *the apple*
il ciliegio *the cherry tree* **la ciliegia** *the cherry*

g. However, in some cases when you change the gender of the noun, you change meaning altogether.

il busto	*the bust*	**la busta**	*the envelop*
il collo	*the neck*	**la colla**	*glue*
il port	*the port*	**la porta**	*the door*

h. In a few cases totally different words define opposite gender.

l'uomo	*man*	**la donna**	*woman*
il re	*king*	**la regina**	*queen*
il fratello	*brother*	**la sorella**	*sister*
il marito	*husband*	**la moglie**	*wife*
l'eroe	*hero*	**l'eroina**	*heroine*

ESERCIZIO A   **Maschile o Femminile?**   Scrivi l'articolo davanti ad ogni nome.

ESEMPIO: Domani sera **il** bravissimo giovane pianista italiano suonerà con l'orchestra.

1. Ecco _____ signor Speroni che fa _____ giornalista.

2. Sandra, _____ nipote della signora Russo è _____ pianista di cui ti parlavo.

3. Eros Ramazzotti è _____ cantante italiano che preferisco.

4. Milena è _____ giovane ragazza nella mia classe.

5. Oggi _____ lezione di storia è stata molto interessante.

6. Oggigiorno _____ crisi economica è molto sentita.

7. _____ stazione del treno è vicina o lontana?

8. _____ stilista italiano che mi piace molto è Giorgio Armani.

9. _____ gioventù di oggi ha molte opportunità.

10. Quest'anno devo scrivere _____ tesi per la mia laurea.

11. Federico Fellini è _____ regista famoso di *8½* e *La dolce vita*.

12. Dobbiamo fare _____ correzione degli sbagli in classe.

13. Michelangelo è _____ scultore del *Davide* e della *Pietà*.

14. _____ turista francese che mi hai presentato è molto simpatica.

15. _____ tema per la classe di storia era sull'immigrazione.

ESERCIZIO B   **Dillo tu!**   Traduci queste frasi in italiano.

1. Elena is having a crisis because she has to write a thesis for history class.

   Elena ha una crisi perché deve scrivere un thesis per la classe di storia

2. My nephew is in Rome for one month to study art.

   Mio nipote è in Roma per un mese per studiare l'arte

3. Is this the portion that he ordered?

   Questo è la porzione che ha ordinato

4. The young lady next to me is my student.

   La giovane donna accanto a me è mia studentessa

5. The virtue that I admire in Giorgio is his honesty.

   La virtù che ammiro in giorgio è la sua onestà

6. The rose is the flower of romance.

   La rosa è il fiore dell'amore

7. Amanda is the pharmacist who works with me at the hospital.

   Amanda è la pharmacista che lavora con me all'ospidale

8. I like the color of his hair.

   Mi piace il colore dei i suoi capelli

9. The olive tree is widespread in the south of Italy.

   L'olivo è diffuso nel sud d'Italia

10. The heroine of the novel is a beautiful woman.

    l'eoria della romanza è una bella donna

11. This envelop does not have enough glue.

    busta non ha abbastenza

12. The best teams in Italian soccer are in Serie A.

    Le scuadre migliore nel calcio Italiano suno in Serie A

13. Brindisi is an important port in Puglia.

    Brindisi è uno porto importante della Puglia

14. Do you like your new colleague Adriana?

    Ti piace la sua nuova collegга adriana

2.   Number of Nouns

To make the plural of regular nouns, change the last vowel according to the following table.

SINGULAR	PLURAL
-a	-e
-o	-i
-e	-i

ESEMPI: la casa → le case

il quaderno → i quaderni

il colore → i colori

a. Nouns that end in *-io* retain only one *-i* in the plural.

l'esercizio → gli esercizi   *but*   lo zio → gli zii

b. In order to retain the sound, singular nouns that end in *-ca* and *-ga* end in *-che* and *-ghe* in the plural.

la banca → le banche

la bottega → le botteghe

c. Nouns that end in *-co* and *-go* usually change to *-chi* and *-ghi* in the plural, if the stress is on the syllable preceding *-co* and *-go*.

ESEMPI: banco → banchi   lago → laghi

simpatico → simpatici   psicologo → psicologi

Exceptions: amico → amici

greco → greci

nemico → nemici

porco → porci

d. Feminine nouns that end in *-cia* and *-gia* end in *-ce* and *-ge* in the plural, unless the last *i* is stressed in the pronunciation.

pancia → pance   *but*   farmacia → farmacie

spiaggia → spiagge   *but*   magia → magie

e. Masculine nouns that end in *-ma, -ista,* and *-a* change in the singular form end in *-i* in the plural.

il problema → i problemi

il poeta → i poeti

f. Nouns that end in an accented vowel do not change the ending in the plural.

l'università → **le università**   **il papà** → **i papà**

g. Nouns that end in a consonant do not change the ending in the plural.

il computer → **i computer**   **il film** → **i film**

h. Abbreviated nouns do not change the ending in the plural.

la moto → **le moto**   **il frigo** → **i frigo**

| ESERCIZIO C | **Cosa manca?** Completa ogni frase con l'articolo mancante (maschile o femminile, singolare o plurale). |

1. _____l'_____ album che mi hai regalato è perfetto per tutte _____le_____ foto del mio ultimo viaggio.

2. Boston è _____la_____ città americana più conosciuta per _____l'_____ università famose e prestigiose.

3. Al ristorante di Pietro _____la_____ moglie è la cuoca. e i figli sono _____i_____ manager.

4. _____I_____ bici rosse fiammanti sono un regalo di compleanno per i miei due nipotini gemelli.

5. Per andare in centro oggi prendi _____la_____ tua moto o _____l'_____ autobus?

6. Ecco _____il_____ programma per _____i_____ film italiani che danno al Teatro Eliseo.

7. _____i_____ computer sono ormai molto importanti nella nostra vita quotidiana.

8. _____la_____ cinema italiano del dopoguerra è molto famoso.

9. In Italia _____il_____ bar e _____il_____ caffè sono i locali in town dove gli amici si riuniscono per chiacchierare.

10. Nella classe d'italiano abbiamo visto _____il_____ film " _____il_____ *meglio gioventù.*"

PER ESPRIMERSI MEGLIO		
Mestieri e professioni		
singolare	**plurale**	
lo psicologo	**gli psicologi**	*psychologist*
il radiologo	**i radiologi**	*radiologist*
il biologo	**i biologi**	*biologist*
l' idraulico	**gli idraulici**	*plumber*
il meccanico	**i meccanici**	*mechanic*
il medico	**i medici**	*medical doctor*

l' elettricista	gli elettricisti	*electrician*
il giornalista	i giornalisti	*journalist*
il musicista	i musicisti	*musician*
il pianista	i pianisti	*pianist*
il dentista	i dentisti	*dentist*
il muratore	i muratori	*brick layer*
il professore	i professori	*teacher*
il regista	i registi	*film director*
lo stilista	gli stilista	*fashion designer*

Note that many nouns referring to occupations have irregular plural forms.

ESERCIZIO D   **Cosa fanno?**   Scivi il mestiere che fanno queste persone.

ESEMPIO: Una persona che cura i denti è **un dentista**.

1. Una persona che lavora con l'acqua ed i tubi è _____ .

2. Una persona che lavora con le macchine è _____ .

3. Una persona che suona uno strumento musicale è _____ .

4. Una persona che costruisce case con mattoni è _____ .

5. Una persona che aiuta gli altri con i loro problemi mentali è _____ .

6. Una persona che scrive articoli per un giornale è _____ .

7. Una persona che lavora in un laboratorio e fa esperimenti scientifici è

_____ .

8. Una persona che lavora con l'elettricità è _____ .

9. Una persona che insegna è _____ .

10. Una persona che disegna abiti è _____ .

3.   More Plurals of Nouns

Some masculine nouns change gender in the plural form. (Many of these nouns refer to parts of the body.)

SINGULAR	PLURAL
il braccio arm	le braccia arms
il dito finger	le dita fingers
il labbro lip	le labbra lips
l'osso bone	le ossa bones
il ciglio eyelash	le ciglia eyelashes
il sopracciglio eyebrow	le sopracciglia eyebrows
il ginocchio knee	le ginocchia knees
il paio pair	le paia pairs
l'uovo egg	le uova eggs

ESERCIZIO E   **Cosa manca?** Write the missing articles and endings.

ESEMPIO: **Le braccia** del ragazzo sono muscolose

1. _Il_ programma d'italiano è molto buon_o_ .

2. _Le_ sopracciglia della mia amica sono sempre perfett_o_ .

3. _Il_ problema è che io devo lavorare e non posso andare al ballo.

4. _Il_ tema che discutiamo in classe è interessant_e_ .

5. _Le_ paia di scarpe di Sandra sono bell_e_ .

6. Io mangio _le_ uova fritt_e_ a colazione.

7. _Le_ ossa devono essere fort_i_ per essere in buona salute.

8. _Le_ labbra della mia amica sono ross_e_ perchè le piace portare il rossetto.

ESERCIZIO F   **Più di uno!** Cambia le seguenti espressioni al plurale.

1. l'uovo fresco   _____

2. il dito lungo   _____

3. il medico simpatico   _____

4. l'amico ricco   _____

5. l'arancia secca   _____

6. la città tedesca   _____

7. il ginocchio sporco   _____

8. la musica rock   _____

9. l'autista greco   _____

10. il sistema chimico   _____

CHAPTER 6
Passato Remoto

The *passato remoto*, or preterit, is a simple tense that expresses a complete and finite action or event at a specific time in the past. It is used mainly in formal, literary, and historical writings. (In everyday conversational Italian the *passato prossimo* is more common.)

1. Regular Verbs

The preterit tense of regular verbs is formed by dropping the infinitive endings (*-are, -ere, -ire*) and adding the following endings.

SUBJECT PRONOUNS	PROVARE *to try*	CREDERE *to believe*	MENTIRE *to lie*
io	prov*ai*	cred*ei* (cred*etti*)	ment*ii*
tu	prov*asti*	cred*esti*	ment*isti*
lui/lei	prov*ò*	cred*è* (cred*ette*)	ment*ì*
noi	prov*ammo*	cred*emmo*	ment*immo*
voi	prov*aste*	cred*este*	ment*iste*
loro	prov*arono*	cred*erono* (cred*ettero*)	ment*irono*

NOTE: *-ere* verbs have two possible endings for the *io, lui/lei,* and *loro* subjects.

2. Irregular Verbs

a. Here are three common irregular verbs in the *passato remoto*.

SUBJECT PRONOUNS	ESSERE *to be*	AVERE *to have*	FARE *to do, make*
io	fui	ebbi	feci
tu	fosti	avesti	facesti
lui/lei	fù	ebbe	fece
noi	fummo	avemmo	facemmo
voi	foste	aveste	faceste
loro	furono	ebbero	fecero

b. The following are additional verbs in the *passato remoto*.

bere *to drink*	**bevvi, bevesti, bevve, bevemmo, beveste, bevvero**
chiudere *to close*	**chiusi, chiudesti, chiuse, chiudemmo, chiudeste, chiusero**
conoscere *to know* (a person)	**conobbi, conoscesti, conobbe, conoscemmo, conosceste, conobbero**
dare *to give*	**diedi, desti, diede, demmo, deste, diedero**
decidere *to decide*	**decisi, decidesti, decise, decidemmo, decideste, decisero**
dire *to say*	**dissi, dicesti, disse, dicemmo, diceste, dissero**
leggere *to read*	**lessi, leggesti, lesse, leggemmo, leggeste, lessero**
nascere *to be born*	**nacqui, nascesti, nacque, nascemmo, nasceste, nacquero**
perdere *to lose*	**persi, perdesti, perse, perdemmo, perdeste, persero**
prendere *to take*	**presi, prendesti, prese, prendemmo, prendeste, presero**
sapere *to know* (facts)	**seppi, sapesti, seppe, sapemmo, sapeste, seppero**
tenere *to hold*	**tenni, tenesti, tenne, tenemmo, teneste, tennero**
vincere *to win*	**vinsi, vincesti, vinse, vincemmo, vinceste, vinsero**
volere *to want*	**volli, volesti, volle, volemmo, voleste, vollero**

NOTE: In most cases irregular spelling occurs in the *io, lui/lei,* and *loro* forms of the verb.

3.   Uses of the *Passato Remoto*

a. The *passato remoto* is equivalent to the English simple past tense.

ESEMPI: **Luigi Pirandello** *scrisse* **"Sei personaggi in cerca d'autore" nel 1921.**
Luigi Pirandello wrote "Six Characters in Search of an Author" in 1921.

Franklin Delano Roosevelt *morì* **nel 1945.**
Franklin Delano Roosevelt died in 1945.

b. The *passato remoto* identifies a completed action, while for an ongoing, or repeated, action it is necessary to use the imperfect tense.

ESEMPI: Marta viaggiò da Roma a Napoli in treno.
Marta traveled by train from Rome to Naples

Marta viaggiava a Napoli in treno ogni settimana.
Marta traveled to Naples by train every week.

c. Even though this tense is seldom used in everyday conversation, it is used in literature, formal writing, and publications.

ESERCIZIO A | **Il passato è passato** Cambia i sequenti verbi dal *passato prossimo* al *passato remoto*.

ESEMPIO: è salita   **salì**

1. ho studiato _____
2. siamo stati _____
3. hanno viaggiato _____
4. sei venuto _____
5. ha avuto _____
6. avete parlato _____
7. ha spiegato _____
8. è stato _____
9. sei andata _____
10. si è lavato _____
11. ci siamo divertiti _____
12. mi sono alzato _____
13. avete dato _____
14. hanno pagato _____
15. avete capito _____

16. siamo entrati _____
17. sono usciti _____
18. ho scritto _____
19. è morto _____
20. abbiamo aperto _____
21. avete scelto _____
22. ha bevuto _____
23. hai sentito _____
24. avete finito _____
25. ho voluto _____
26. ti sei innamorato _____
27. abbiamo fatto _____
28. avete aperto _____
29. ha chiuso _____
30. è rimasto _____

ESERCIZIO B | **Il sommo poeta** Scegli un personaggio storico che ammiri e in 10–12 dettagli raccontami la sua vita usando il passato remoto. Usa questa biografia di Dante come esempio.

Dante Alighieri
- Nacque a Firenze nel maggio del 1265.
- Studiò retorica, grammatica e filosofia
- Incontrò per la prima volta Beatrice Portinari nel 1274.
- Sposò Gemma Donati.
- Ebbe tre o forse quattro figli.
- Beatrice morì nel 1290.
- Scrisse la *Vita Nuova, De vulgari eloquentia* e *Il Convivio*.
- Entrò nella politica fiorentina.
- Appartenne ai Guelfi.
- Scrisse la grande opera *La Divina Commedia*.
- Si trasferì a Ravenna nel 1319.
- Morì a Ravenna nel 1321.

> **Lista di possibili personaggi da ricercare**
>
> 1. Francesco Petrarca
> 2. Giuseppe Verdi
> 3. Michelangelo Buonarroti
> 4. Giotto
> 5. Gioacchino Rossini
> 6. Giacomo Puccini
> 7. Antonio Vivaldi
> 8. Alessandro Manzoni
> 9. Giuseppe Garibaldi
> 10. Enrico Fermi
> 11. Galileo Galilei
> 12. Raffaello Sanzio
> 13. Leonardo DaVinci
> 14. Giovanni Boccaccio
> 15. Guglielmo Marconi
> 16. Arturo Toscanini
> 17. Giuseppe Mazzini
> 18. Andrea Palladio
> 19. Niccolò Machiavelli
> 20. Luigi Pirandello

ESERCIZIO C   **Chi sono?** Studia la lista precedente di personalità italiane e per ognuno scegli una ragione importante per la sua fama.

ESEMPI: Dante Alighieri scrisse *La Divina Commedia.*

1. _____
2. _____
3. _____
4. _____
5. _____
6. _____
7. _____
8. _____
9. _____
10. _____
11. _____
12. _____
13. _____
14. _____
15. _____
16. _____

17. _____

18. _____

19. _____

20. _____

| ESERCIZIO D | **Storia d'altri tempi** Il paragrafo seguente è la storia di uno dei molti antenati italiani che emigrarono in America molti anni fa. Riscrivi il paragrafo cambiando i verbi coniugati nel *passato prossimo* a verbi coniugati nel *passato remoto*. Segui l'esempio del primo verbo. |

Mio nonno Domenico è <u>nato</u> in un paesino della Calabria ma da giovanissimo è emigrato in Argentina ed è ritornato in paese venticinquenne. Ha sposato mia nonna prima di partire ancora per le Americhe, questa volta per gli Stati Uniti. È arrivato a Ellis Island e da lì ha continuato per l'Ohio dove ha lavorato per diversi anni nelle miniere di carbone e nelle fabbriche di ferro. Mia nonna non l'ha mai seguito nei suoi lunghi soggiorni all'estero. Lei è rimasta sempre in paese dove ha gestito gli interessi della famiglia ed ha cresciuto i loro figli. Dall'America il marito le ha mandato i soldi che lui ha risparmiato con grandi sacrifici e lei è stata brava a comprare case e terreni per assicurarsi un futuro migliore! Dopo più di vent'anni di emigrazione mio nonno si è trasferito di nuovo in Italia dove ha vissuto il resto della sua vita insieme alla sua famiglia.

Mio nonno Domenico <u>nacque</u> _____

_____

_____

_____

_____

_____

_____

_____

_____

| ESERCIZIO E | **Vero o Falso?** Rileggendo il paragrafo dell'esercizio precedente, determina se le frasi seguenti sono vere o false. |

1. _____ Mio nonno viaggiò sia in Nord che in Sud America.

2. _____ La moglie venne a vivere con lui negli USA

3. _____ La famiglia visse in un'isola vicino a New York.

4. _____ Il marito mandò i suoi guadagni alla moglie per mandare avanti la famiglia.

5. _____ Domenico morì in America.

| ESERCIZIO F | **I tre porcellini.** Ricordi la favola dei tre ingegnosi fratelli suini? Se non la ricordi ricercala su Internet e aiutandoti con il vocabolario qui dato con i seguenti disegni racconta la storia. |

paglia	costruire
legno	soffiare
mattoni	distrurre
lupo	correre
	arrendere
	buttare giù
	abbattere

_____

_____

_____

_____

_____

_____

_____

_____

_____

_____

CHAPTER 7

PRONOUNS

1. Review of Direct Object Pronouns

The direct object pronoun replaces the noun directly affected by the action of the verb.

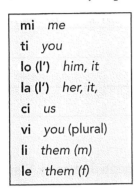

mi	*me*
ti	*you*
lo (l')	*him, it*
la (l')	*her, it,*
ci	*us*
vi	*you* (plural)
li	*them (m)*
le	*them (f)*

a. The direct object pronoun generally answers the question *whom?* or *what?* and it precedes the verb.

Mamma prepara *il dolce* per la cena. ⟶ **Mamma *lo* prepara per la cena.**
Mom prepares the dessert for dinner. *Mom prepares it for dinner.*

Noi invitiamo *i ragazzi* alla festa. ⟶ **Noi *li* invitiamo alla festa.**
We invite the boys to the party. *We invite them to the party.*

b. When using the auxilary *avere* in the present perfect, the past participle agrees with the gender of the direct object pronoun *lo, la, li, le.* With the other direct object pronouns, agreement is optional.

Lia ha pagato *il conto* con la carta di credito.	**Lia *l'*ha pagato con la carta di credito.**
Carlo ha prenotato *i biglietti* per internet.	**Carlo *li* ha ordinati per Internet.**
A scuola abbiamo riciclato *la carta.*	**A scuola *l'*abbiamo riciclata.**
Io ho spedito *le cartoline* dall'ufficio postale.	**Io *le* ho spedite dall'ufficio postale.**

NOTE: Before a vowel, **lo** and **la** become **l'**, however, **li** and **le** remain intact.

ESERCIZIO A | **Facciamo una festa.** Tu e i tuoi amici state preparando una festa per festeggiare la fine dell'anno scolastico. Specificare l'impegno di ognuno.

ESEMPIO: Chi ordina la torta (Peppe)   Peppe la ordina.

1. Chi manda gli inviti? (Marta)   _____

2. Chi apparecchia la sala? (Zia Bruna) _____

3. Chi prepara le lasagne? (Nonna) _____

4. Chi sceglie la musica? (Nicola e Daniele) _____

5. Chi gonfia i palloncini? (Chiara) _____

6. Chi appende le lanterne in terrazza? (Loredana) _____

7. Chi porta i rinfreschi? (Federico) _____

8. Chi prepara la pizza? (Franco) _____

9. Chi serve le bibite? (Annarita e Tamara) _____

10. Chi compra i fiori? (Marianna) _____

ESERCIZIO B   **In classe**   Il professore entra in classe e fa le seguenti domande. Rispondete usando un pronome diretto.

ESEMPIO: Avete finito i compiti?   **Si li abbiamo finiti.**

1. Tommaso, hai fatto gli esercizi? _____

2. Voi, avete capito le regole? _____

3. Mirella, hai imparato la poesia? _____

4. Elsa, hai studiato i verbi? _____

5. Nino e Angelo, avere ricordato la ricerca? _____

6. Ragazze, avete chiuso le finestre? _____

7. Paolo, hai pulito la lavagna? _____

8. Riccardo, hai scritto il saggio? _____

ESERCIZIO C   **I preparativi**   Prima del viaggio estivo mamma fa molte domande. Rispondi usando un pronome.

ESEMPIO: Hai fatto il pieno della macchina?   **Si, l'ho fatto!**

1. Hai prenotato l'albergo? _____

2. Hai prelevato i soldi? _____

3. Hai innaffiato le piante? _____

4. Hai fermato la posta? _____

5. Hai chiuso le finestre? _____

6. Hai fatto le valige? _____

7. Hai comprato le medicine? _____

8. Hai svuotato il frigorifero? _____

9. Hai preso i passaporti? _____

10. Hai avvertito la nonna? _____

ESERCIZIO D   **E in italiano?**   Fare la traduzione delle seguenti frasi.

ESEMPIO: I enjoy TV and I watch it every night.
            Mi piace la televisione e la guardo ogni sera.

1. Did you buy the book? Yes, I bought it yesterday.
   Hai comprato il libro? Si l'ho comprato ieri.

2. My friends and I stayed at home last night and my mother made us pizza.
   I miei amici e io siamo rimasti a casa ieri sera e mia madre ha preparato ci la pizza

3. I am having a party Sunday and I would like to invite all of you.
   Ho una festa domenica e vuorrei invetere

4. When the students finish the exam they give it to their teacher.
   Quando gli studenti finiscono l'esame loro lo danno al professore   suo

5. Can you speak Italian? Yes, I can speak it a little.
   Puoi parlare italiano? Ti lo posso parlarlo un'po

6. My teacher always helps me with my homework.
   Il mio professore mi aiutano sempre con il miei compiti

7. Do the children listen to you when you speak?
   I bambini ti ascoltano quando parli

8. I saw the purse and I bought it for my mother.
   Ho visto la borsa e l'ho comprato per mia madre

9. She waits for me after school every day.
   Lei mi aspetta dopo la scuola ogni giorno

10. When did you visit your grandparents? I visited them last week.
    Quando hai visitati i tuoi nonni? li ho visitato settimana prossima

---

ESERCIZIO E   **Cosa manca?**   Complete with the appropriate direct object.

ESEMPIO: Ho visto un bel libro; **lo** compro per mia madre.

1. Quella borsa è bellissima, _____ prendo.

2. Avevo voglia di ravioli, _____ ho ordinat_____ per pranzo.

3. Prendo queste scarpe nere e _____ pago con la carta di credito.

4. Preferisco la musica rock e _____ ascolto sempre in macchina.

5. Il mio amico _____ ha invitato ad uscire stasera ed ho accettato subito!

6. Enrico e Mario non capiscono i pronomi e allora _____ aiuto io.

7. Hai voglia di un gelato? _____ mangiamo passeggiando sul lungomare!

8. _____ vorrei invitare cena stasera se vuoi venire.

9. Preferisco restare con te oggi pomeriggio. _____ aspetto dopo scuola.

10. Conosco bene la geografia d'Italia perchè _____ ho studiat_____ a scuola.

2.   Review of Indirect Object Pronouns

An indirect object indicates the person to whom the action of the verb is directed. It answers the question *for whom?* or *to whom?* It usually refers to a person. An indirect object pronoun replaces the indirect object.

SINGULAR	PLURAL
mi *to, for me*	ci *to, for us*
ti *to, for you* (familiar)	vi *to, for you* (familiar)
gli *to, for him*	gli *to, for them* (m.)
le *to, for her*	loro *to, for them* (f.)
Le *for you* (formal)	Gli or Loro *to, for you* (formal)*
*In contemporary Italian, **gli** is more commonly used than **loro**.	

a. The indirect object pronouns precede the conjugated verb (except the pronoun **loro**, which follows the conjugated verb).

Consegno il compito *alla professoressa*?   *Le* **consegno il compito.**

Telefoni *ai tuoi amici* la sera?   { Sì, *gli* **telefono la sera.**
    { Sì, **telefono** *loro* **la sera.**

b. In the *passato prossimo*, the indirect object pronoun precedes the helping verb, and the participle **does not** agree with it.

Abbiamo telefonato *alla ragazza.*   *Le* **abbiamo telefonato.**
Ho dato un passaggio *ai miei amici.*   *Gli* **ho dato un passaggio.**

Some commonly used verbs that take an indirect object pronoun are:

chiedere	*to ask*	**prestare**	*to lend*
***consigliare**	*to advise*	**parlare**	*to talk*
dare	*to give*	**regalare**	*to give a gift*
***dire**	*to tell*	***rispondere**	*to answer*
domandare	*to ask a question*	**scrivere**	*to write*
insegnare	*to teach*	**spedire**	*to mail*
mandare	*to send*	**spiegare**	*to explain*
offrire	*to offer*	***telefonare**	*to telephone*
		volere bene	*to love, to care about*

*These verbs take an indirect object in Italian, even though in English they do not.

ESERCIZIO F	**Indirettamente!** Riscrivi ogni frase abbreviandola con un pronome indiretto.

ESEMPIO: Parlavano a Marco.   **Gli parlavano.**

1. Ho spedito la lettera alla mia amica. _____

2. Hanno dato il libri a lui. _____

3. Restituisci i dischi a Giovanni. _____

4. Leggete le favole ai bambini. _____

5. Noi portiamo le rose a mamma. _____

6. Manderanno un pacco a me. _____

7. Ha spedito la lettera a voi? _____

8. Promettono ai genitori di finire il lavoro. _____

9. Permettete a vostro figlio di andare in Italia? _____

10. Consegnerò la lista a te? _____

| **ESERCIZIO G** | **In altre parole.**   Riscrivi ogni frase sostituendo il pronome indiretto. |

ESEMPIO: Io parlo a Carlo in classe.   **Io gli parlo in classe.**

1. Il professore consiglia agli studenti di studiare. _____

2. Io presto la macchina a mio fratello. _____

3. Loro hanno chiesto un favore a Silvana. _____

4. Tu offri un gelato a tutti noi. _____

5. Bruno dice la verità ai suoi genitori. _____

6. Voi consegnate il tema al professore. _____

7. Lina ha scritto un messaggino ai suoi amici. _____

8. Noi non rispondiamo a voi. _____

9. Il fidanzato dà un regalo a Rachele. _____

10. La nonna racconta la favola alla nipotina. _____

| **ESERCIZIO H** | **E la versione italiana?**   Tradurre le seguenti frasi. |

ESEMPIO: He spoke to me before class.   **Mi ha parlato prima della classe.**

1. What did you say to her? _____

2. I spoke to you in Italian. _____

3. I will ask him his name. _____

4. Why did you phone them? _____

5. I will tell you the truth! _____

6. They offered me a new job. _____

7. I lent him my car. _____

8. He advised you to study. _____

9. We give them everything! _____

10. All of you care for her. _____

3.   Pronouns *ci* and *ne*

a. *Ci* functions as an adverb and is translated as *there*.

Vai al centro?   **Si *ci* vado dopo scuola.**

Are you going downtown?   *Yes, I am going there after school.*

Quel ristorante mi piace molto, *ci* voglio ritornare domani sera.

I like that restaurant a lot, I want to return (there) tomorrow night.

NOTES: 1.   Sometimes *vi* is used instead of *ci*.

2.   Two very common expressions with *ci* are

c'è   *there is*

ci sono   *there are*

b. *Ne* has several meanings. The best translation is *of him/of it/of them/of this, of that*. It is a pronoun most often used with quantity.

Quanti fratelli hai?   ***Ne* ho due.**

How many brothers do you have?   *I have two (of them).*

Avete visto un bel film?   **Si, *ne* abbiamo visti parecchi.**

Did you see a nice movie?   *Yes, we saw several (of them).*

Sono andata a comprare del latte perchè non *ne* avevo in casa.

I went to buy some milk because I didn't have any (of it) at home.

NOTES: 1.   A compound tense, *ne* generally agrees with the past participle.

Hai *comprato* i pomodori?   **Si, *ne* ho *comprati* alcuni chili.**

2.   *Ci* becomes *ce* before *ne* when both are present in a sentence.

Quanti studenti ci sono in classe?   *Ce ne* sono venti.

3.   *Ne* becomes *n'è* in front of the third person of *essere*.

Quanti alberi ci sono in giardino?   *Ce n'è* solo uno.

| ESERCIZIO I | **Guardiamoci intorno**   Osserva bene l'aula d'italiano ed elenca dieci cose che vedi attorno a te, specificando la quantità. |

ESEMPIO: **C'è una professoressa.**

1. _____

2. _____

3. _____

4. _____

5. _____

6. _____

7. _____

8. _____

9. _____

10. _____

ESERCIZIO J   **Si o no?**   Rispondi alle seguenti domande usando il pronome avverbiale *ci.*

ESEMPIO: **Quando vai a scuola?**   *Ci* **vado da lunedì a venerdì.**

1. Vai spesso al cinema?   _____

2. Quando vai al mare?   _____

3. Da bambino andavi al parco?   _____

4. Come vieni a scuola?   _____

5. Arrivi a scuola presto la mattina?   _____

ESERCIZIO K   **Tutto sommato.**   Rispondi alle seguenti domande in modo specifico o generale.

ESEMPIO: Quanti paia di scarpe hai?   **Ne ho venti.**   *or*   **Ne ho molte.**

1. Quante televisioni hai in casa?   _____

2. Quante automobili ha la tua famiglia?   _____

3. Quante regioni ha l'Italia?   _____

4. Quanti libri hai nello zaino oggi?   _____

5. Quanti giocatori giocano in una squadra di calcio?   _____

6. Quanti presidenti hanno avuto gli Stati Uniti?   _____

7. Quanti giorni ha dicembre?   _____

8. Quante lezioni hai a scuola ogni giorno?   _____

9. Quanti messaggini hai mandato oggi?   _____

ESERCIZIO L   **Un po' di matematica.**   Pensa e rispondi bene alle seguenti domande.

ESEMPIO: **Quanti pianeti ci sono nel sistema solare?**   *Ce ne sono otto.*

1. Quante ore ci sono in un giorno?   _____

2. Quanti centimetri ci sono in un metro?   _____

3. Quante stagioni ci sono in un anno?   _____

4. Quanti lati ci sono in un pentagono?   _____

5. Quanti giorni ci sono in una settimana?   _____

6. Quanti chili ci sono in una tonnellata?   _____

7. Quante settimane ci sono in un anno?   _____

4.   Double Object Pronouns

When replacing both a direct and an indirect object in the same sentence, the double object pronoun is formed with the indirect pronoun first (spelling modified) followed by the direct pronoun. Except for *loro*, which, as usual, follows the verb.

mi + lo	me lo
ti + lo	te lo
gli + lo	glielo
le + lo	glielo
ci + lo	ce lo
vi + lo	ve lo
gli + lo	glielo

Note: **la, li, le,** and **ne** follow the same pattern.

Il professore distribuisce la pagella agli studenti.   **Il professore *gliela* distribuisce.**
The teacher distributes the reportcard to the students.   *The teacher distributes it to them.*

Io spedisco il pacco ai miei amici.   **Io *glielo* spedisco.**   *or*
I mail the package to my friends.   **Io *lo* spedisco *loro*.**
I mail it to them.

Mandano le cartoline a noi.	*Ce le* **mandano.**
They send us the cards.	*They send them to us.*
Lui compra una dozzina di rose per la sua ragazza.	*Gliene* **compra una dozzina.**
He is buying a dozen roses for his girlfriend.	*He's buying a dozen of them for her.*

ESERCIZIO M   **Per abbreviare**   Riscrivere le frasi usando due pronomi.

ESEMPIO: **Regalo il libro a Marta.**   *Glielo* **regalo.**

1. Hai spiegato la lezione alla ragazza?   _____

2. Vendeva le sigarette a voi.   _____

3. Non avete detto la verità ai vostri genitori?   _____

4. Ho presentato mia cugina a te.   _____

5. Manderanno il messaggio a me.   _____

6. Hai spedito i fiori a Luisa?   _____

7. Hanno ricordato a Gianni la sua promessa.   _____

8. Voglio comunicare la risposta a Gerardo.   _____

9. Domani manderemo l'augurio a Franco.   _____

10. Non ho comprato i libri per Leonardo.   _____

ESERCIZIO N   **Certamente!**   Rispondere alle domande in modo positivo e usando i doppi pronomi.

ESEMPIO: **Hai dato la risposta a Giulio?**   **Certo che** *gliel'ho* **data!**

1. Hai prenotato i biglietti per tua madre?   _____

2. Hai fatto la domanda alla nonna?   _____

3. Avete mandato gli auguri agli amici?   _____

4. Hai scattato le foto a tuo fratello?   _____

5. Abbiamo scritto la lettera al direttore?   _____

6. Hai dato l'indirizzo al dottore?   _____

7. Hanno insegnato la grammatica agli studenti?   _____

8. Ha promesso una bambola alla bambina?   _____

9. Hanno chiesto le informazioni all'agente?   _____

10. Avete chiesto il permesso ai genitori?   _____

5.   Placement of Pronouns with Infinitives

When there are two verbs in a sentence, one conjugated and one in the infinitive form, a pronoun may be placed in front of the conjugated verb or attached to the infinitive after dropping the final *-e.*

Non possono vedere lo schermo.	Non *lo* possono vedere. *or*	Non possono veder*lo.*
Voglio telefonare a Massimo.	*Gli* voglio telefonare. *or*	Voglio telefonar*gli.*
Quante pizze vuoi ordinare?	*Ne* voglio ordinare tre. *or*	Voglio ordinar*ne* tre.
Devi andare a casa?	Si, *ci* devo andare subito. *or*	Si, devo andar*ci* subito.
Fai raccontare la storia a Carlo?	*Gliela* fai raccontare? *or*	Fai raccontar*gliela?*

ESERCIZIO O   **Quante domande!** Un amico molto curioso ti fa molte domande. Rispondi alle domande abbreviando la risposta con un pronome. Puoi rispondere si oppure no e puoi scegliere dove mettere il pronome.

ESEMPIO: **Vuoi comprare questa rivista?** { **Si, voglio comprar*la.***
 No, non *la* voglio comprare.

1. Puoi prendere il treno domani?   _____

2. Sai suonare la chitarra?   _____

3. Devi fare una telefonata?   _____

4. Vuoi ordinare le granite?   _____

5. Vuoi finire i compiti?   _____

6. Puoi consigliare il tuo amico?   _____

7. Sai recitare una poesia?   _____

8. Devi parlare ai ragazzi?   _____

9. Vuoi chiedere a loro?   _____

10. Puoi scrivere a noi?   _____

6.   Placement of Pronouns with Commands

Pronouns are generally attached to familiar affirmative commands. When the command is a single syllable (*da', di', fa', va', sta'*), the first letter of the pronoun is doubled.

Dammi la mano prima di attraversare.   *Give me your hand before crossing!*
Diglielo subito senza esitare!   *Tell it to him immediately without hesitation!*
Scrivetelo in cima alla pagina!   *Write it on top of the page!*
Fallo con attenzione!   *Do it carefully!*

ESERCIZIO P   **Aiuto!** Oggi anno ho difficoltà a trovare il regalo natalizio perfetto per la mia lista di parenti ed amici. Dammi qualche idea!

ESEMPIO: **Che cosa compro per mio nonno?**   *Compragli* un cappello nuovo!

1. Cosa compro per i miei nipoti?   _____

2. Cosa compro per mia madre?   _____

3. Cosa compro per mio fratello?   _____

4. Cosa compro per mia sorella?   _____

5. Cosa compro per le mie zie?   _____

6. Cosa compro per mia nonna?   _____

7. Cosa compro per Mirella?   _____

8. Cosa compro per Cecilia e Sergio? _____

9. Cosa compro per Gianna e Carolina? _____

10. Cosa compro per Riccardo?   _____

ESERCIZIO Q   **Dillo in italiano!**   Translate the following sentences.

ESEMPIO: **Nicola, tell me the truth!**   **Nicola, *dimmi* la verità!**

1. Anna, answer me!   _____

2. Boys, call me immediately!   _____

3. Mom and dad, buy it for me (a CD)! _____

4. Mr. & Mrs. Rossi, listen to me!   _____

5. Children, watch it (TV) later!   _____

6. Carlo, here is the milk, drink it! _____

7. Federico, read it (the book) slowly! _____

CHAPTER 8
The Imperative

The imperative is used to give commands or advise or to plead with someone. It is a tense, as well as a mood, since it sets a tone or "atmosphere." By its nature, the imperative is used in direct discourse, meaning that the speaker is directly addressing you (both *tu* and *voi*) or is inviting all of us (*noi*) to action. In the written form, a simple exclamation point defines the command. In the oral form, the command is expressed simply by the intonation of the speaker's voice. For formal commands refer to Chapter 10.

1. Positive Commands (*tu, voi* forms)

Positive commands have forms very similar to the present tense.

SUBJECT PRONOUNS	-ARE MANDARE	-ERE PREMERE	-IRE APRIRE	-IRE FINIRE
tu	manda!	premi!	apri!	finisci!
voi	mandate!	premete!	aprite!	finite!

a. In commands, personal pronouns are generally omitted, but nouns are used.

ESEMPI: **Marina, *apri* i libri!**   *Marina, open the books!*

Ragazzi, *comprate* i biglietti! *Boys, buy the tickets!*

Aspetta!   *Wait!*

b. Instead of being placed before the verb, direct, indirect, and reflexive pronouns are attached to the end of the commands. If the verb is a monosyllable, the first letter of the pronoun is doubled, except *gli*.

ESEMPI: **Marta, *dammi* il telefono!**   *Marta, give me the phone!*

Enzo, *svegliati*!   *Enzo, wake up!*

Riccardo e Pino, *parlategli*! *Riccardo and Pietro, speak to him!*

c. Most irregular commands have the same form of the present tense.

ESEMPI: **Franco, *bevi* questo caffè!**   *Franco, drink this coffee!*

Annalisa, *vieni* qui!   *Annalisa, come here!*

d. Here are some irregular commands. Note that some verbs have two forms.

VERBS	TU	VOI
ESSERE	sii	siate
AVERE	abbi	abbiate
DIRE	di'	dite
ANDARE	va' (vai)	andate
DARE	da' (dai)	date
FARE	fa' (fai)	fate
STARE	sta' (stai)	state

ESERCIZIO A   **Un po' di pratica** Formate frasi imperative usando le seguente espressioni.

ESEMPIO: (voi) Pagare alla cassa   **Pagate alla cassa!**

1. (tu) Aspettare qui   _____

2. (tu) Aiutare il tuo compagno _____

3. (tu) Chiedere il prezzo   _____

4. (tu) Servire il caffè   _____

5. (tu) Apparecchiare la tavola _____

6. (voi) Avvertire il professore _____

7. (voi) Premere il pulsante   _____

8. (voi) Chiudere a chiave   _____

9. (voi) Mostrare il passaporto _____

10. (voi) Indovinare chi è   _____

ESERCIZIO B   **Dammi retta** Il tuo amico Alessandro arriva sempre a scuola in ritardo ed ha bisogno del tuo aiuto per organizzare la sua mattinata. Ecco cosa gli consigli.

ESEMPIO: Svegliarsi presto   **Svegliati presto!**

1. Alzarsi appena senti la sveglia   _____

2. Farsi la doccia   _____

3. Asciugarsi subito   _____

4. Vestirsi velocemente   _____

5. Fare una buona colazione   _____

6. Programmare la tua giornata   _____

7. Controllare i compiti e i libri   _____

8. Mettere tutto nello zaino   _____

9. Chiedere un passaggio a tuo padre   _____

10. Salutare tua madre prima di uscire   _____

ESERCIZIO C   **In bocca al lupo!** Patrizio va ad un colloquio per il suo primo grande impiego. Completa i seguenti consigli e poi traducili in inglese.

ESEMPIO: (*essere*) **Sii** cortese!   **Be polite!**

1. (*andare*)   _____ in orario!   _____

2. (*dare*)   _____ il tuo curriculum vitae!   _____

3. (*fare*)   _____ vedere che sei qualificato!   _____

4. (*stare*)   _____ calmo!   _____

5. (*dire*)   _____ che lavorerai sodo!   _____

6. (*essere*)   _____ sicuro di te!   _____

7. (*avere*)   _____ fiducia!   _____

ESERCIZIO D   **Con autorità** Quando fai il babysitter per i gemelli Romolo e Remo da' loro questi comandi in italiano.

ESEMPIO: Eat your sandwiches!   **Mangiate i panini!**

1. Come here!   _____

2. Listen to me!   _____

3. Be quiet!   _____

4. Get down from the sofa!   _____

5. Read your books!   _____

6. Drink your milk!   _____

7. Put on your pajamas!   _____

8. Wash your hands! _____

9. Brush your teeth! _____

10. Go to bed! _____

PER ESPRIMERSI MEGLIO
Termini culinari

friggere	*to fry*	**la tortiera**	*oven-proof dish*
infarinare	*to flour*	**il colapasta**	*colander*
indorare	*to brown*	**la pentola**	*saucepan*
rosolare	*to sautè*	**il passaverdure**	*food mill*
tritare	*to chop*		
colare	*to drain*		
ungere	*to grease*		

ESERCIZIO E   **Una lezione di cucina.**   Tua nonna ti mostra come cucinare la parmigiana di melanzane. Ecco cosa ti dice. Completa le sue istruzioni per la preparazione.

Ingredienti:

3 melanzane medie—2 cucchiai di farina bianca—70 gr. di parmigiano grattugiato—40 gr. di olio di oliva—200 gr. di mozzarella tagliata a fettine sottili—300 gr. di pomodori pelati e senza semi—6 foglie di basilico pulite e tritate—mezza cipolla grande finemente tagliata—abbondante olio per friggere—quanto basta di olio per ungere la teglia—pepe nero e sale a gusto

---

Preparazione:

_____ le melanzane e _____ per il lungo ottenendo delle fette
   1. (sbucciare)   *2. (tagliarle)*

spesse di circa un centimetro. _____ scolare l'acqua amarognola di vegeta-
                                    3. (fare)

zione mettendole in un colapasta a strati con il sale e con un coperchio pressato sopra con un

peso. Dopo circa un'ora _____ con acqua corrente, _____ con
                              4. (lavarle)   5. (asciugarle)

un panno e _____ .
                 6. (infarinarle)

_____ le fette di melanzane uniformemente nell'olio d'oliva caldissimo;
    7. (indorare)

_____ sgocciolare e _____ su un foglio di carta assorbente.
    8. (farle)   9. (metterle)

In una casseruola con 30 gr. di olio _____ la cipolla per circa 5 minuti.
                                            10. (rosolare)

_____ al passaverdure i pomodori e _____ alla cipolla con
    11. (passare)   12. (unirli)

sale e pepe; _____ a fiamma moderata per 10 minuti, _____ e
                  13. (cuocere)   14. (aggiungere)

le foglie di basilico e _____ cuocere ancora per 5 minuti.
                              15. (lasciare)

_____ una teglia con poco olio e _____ un primo strato con
    16. (ungere)   17. (formare)

le melanzane fritte. _____ le melanzane con della mozzarella, della salsa di
                           18. (coprire)

pomodoro, del parmigiano grattugiato e un po' di sale.

_____ l'operazione fino a finire tutti gli ingredienti, terminando con mozza-
    19. (ripetere)

rella, pomodoro e parmigiano. _____ la teglia nel forno a 180 °C per 15 minuti
                                     20. (infilare)

circa. BUON APPETITO!

2.   Negative Commands (*tu, voi* forms)

a. In the negative form of the *tu* command, an infinitive is used.

> ESEMPI: **Davide, non rispondere al telefono!**   *Davide, don't answer the telephone!*
>
> **Beatrice, non uscire da sola!**   *Beatrice, don't go out alone!*

b. When adding a pronoun to the negative form, the last -*e* of the infinitive is dropped.

> ESEMPI: **Tina, non girarti!**   *Tina, don't turn around!*
>
> **Nicola, non finirlo!**   *Nicola, don't finish it!*

c. As in the present tense, the negative command form of *voi* is formed simply by putting *non* in front of the conjugated verb.

> ESEMPI: **Bambini, non uscite da soli!**   *Children, don't go out alone!*
>
> **Paolo e Gianni, non correte!**   *Paolo and Gianni, don't run!*

ESERCIZIO F   **Regole scolastiche**   Quando arriva Alessio, uno studente dall'Italia, tu lo aiuti a capire le regole che lui dovrà seguire a scuola. Traduci.

ESEMPIO: Don't smoke!   **Non fumare!**

1. Don't be late to school!   _____

2. Don't eat in class!   _____

3. Don't use the cell phone during class!   _____

4. Don't run in the hallway!   _____

5. Don't talk during class!   _____

6. Don't listen to your MP3 in school!   _____

7. Don't leave the class without permission!   _____

ESERCIZIO G   **Attenzione!**   Ecco le ammonizioni che il professore da agli studenti.

ESEMPIO: Don't write on desks!   **Non scrivete sui banchi!**

1. Don't copy from the Internet!   _____

2. Don't forget to bring your books!   _____

3. Don't wear hats in class!   _____

4. Don't neglect your homework!   _____

5. Don't bother your classmates!   _____

6. Don't eat in the laboratory!   _____

7. Don't chew gum!   _____

3.   Let's . . . (noi)

The command for *noi* is equivalent to the English *let's*. The present indicative ending in *-iamo* is used in both the positive and the negative forms.

ESEMPI: **Amici, andiamo!**   *Friends, let's go!*

Usciamo!   *Let's go out!*

Bambini, non facciamo tardi!   *Children, let's not be late!*

ESERCIZIO H   **In compagnia**   È una serata piovosa e tu e Claudio decidete di stare a casa e fare le seguenti cose.

ESEMPIO: Restare a casa!   **Restiamo a casa!**

1. Telefonare agli amici!   _____

2. Ordinare delle pizze!   _____

3. Preparare un dolce!   _____

4. Ascoltare della musica!   _____

5. Giocare a carte!   _____

6. Chiacchierare insieme!   _____

7. Suonare il pianoforte e la chitarra!   _____

8. Guardare qualche film!   _____

9. Raccontare barzellette!   _____

10. Chattare sull'internet!   _____

ESERCIZIO I   **Le faccende di casa.** Tu e tuo fratello cercate di aiutare i vostri genitori con i lavori domestici. Rispondi alle domande di tuo fratello.

ESEMPIO: TUO FRATELLO: Dobbiamo rifare i letti?   TU: **Certo, rifacciamoli!**

1. TUO FRATELLO: Dobbiamo fare la spesa?   TU: Certo, _____

2. TUO FRATELLO: Dobbiamo passare l'aspirapolvere?   TU: Certo, _____

3. TUO FRATELLO: Dobbiamo pulire le finestre?   TU: Certo, _____

4. TUO FRATELLO: Dobbiamo fare il bucato?   TU: Certo, _____

5. TUO FRATELLO: Dobbiamo spolverare i mobili?   TU: Certo, _____

6. TUO FRATELLO: Dobbiamo tagliare l'erba?   TU: Certo, _____

7. TUO FRATELLO: Dobbiamo buttare la spazzatura?   TU: Certo, _____

8. TUO FRATELLO: Dobbiamo preparare il pranzo?   TU: Certo, _____

9. TUO FRATELLO: Dobbiamo mettere in ordine le camere?   TU: Certo, _____

10. TUO FRATELLO: Dobbiamo apparecchiare il tavolo?   TU: Certo, _____

ESERCIZIO J	**Parlando ad un amico** Traduci i seguenti imperativi e completa la tabella.

ESEMPIO: Speak Italian   **Parla in italiano!**   **Non parlare in italiano!**

Imperativo	Imperativo positivo	Imperativo negativo
1. Open the window	_____	_____
2. Write the cards	_____	_____
3. Buy the stamps	_____	_____
4. Answer the phone	_____	_____
5. Relax	_____	_____
6. Pay the check	_____	_____
7. Finish your dinner	_____	_____
8. Turn on the light	_____	_____
9. Take your passport	_____	_____
10. Go to work	_____	_____
11. Come early	_____	_____
12. Call your parents	_____	_____
13. Be on time	_____	_____
14. Have patience	_____	_____
15. Tell me everything	_____	_____
16. Make a sandwich	_____	_____
17. Ask questions	_____	_____
18. Close the suitcases	_____	_____
19. Go away	_____	_____
20. Get up	_____	_____

ESERCIZIO K	**Parlando ad un gruppo di amici** Traduci i seguenti imperativi e completa la tabella.

ESEMPIO: Speak Italian   **Parlate in italiano!**   **Non parlate in italiano!**

Imperativo	Imperativo positivo	Imperativo negativo
1. Open the window	_____	_____

Imperativo	Imperativo positivo	Imperativo negativo
2. Write the cards	_____	_____
3. Buy the stamps	_____	_____
4. Answer the phone	_____	_____
5. Relax	_____	_____
6. Pay the check	_____	_____
7. Finish your dinner	_____	_____
8. Turn on the light	_____	_____
9. Take your passport	_____	_____
10. Go to work	_____	_____
11. Come early	_____	_____
12. Call your parents	_____	_____
13. Be on time	_____	_____
14. Have patience	_____	_____
15. Tell me everything	_____	_____
16. Make a sandwich	_____	_____
17. Ask questions	_____	_____
18. Close the suitcases	_____	_____
19. Go away	_____	_____
20. Get up	_____	_____

ESERCIZIO L **A buon intenditore!** Che cosa vuoi dire a tua sorella che verrà a frequestare la tua scuola l'anno prossimo? Elenca sette consigli.

ESEMPIO: **Ascolta i professori!**

1. _____
2. _____
3. _____
4. _____
5. _____
6. _____
7. _____

ESERCIZIO M   **Alla tua salute**   Quali suggerimenti (negativi o positivi) per una buona alimentazione dai ad un amico?

ESEMPIO: **Non mangiare troppo in fretta!**

1. _____

2. _____

3. _____

4. _____

5. _____

6. _____

7. _____

ESERCIZIO N   **Responsabilità civiche**   Ognuno di noi deve essere un cittadino responsabile. Che esortazioni dai ai tuoi compagni?

ESEMPIO: **Votate!**

1. _____

2. _____

3. _____

4. _____

5. _____

6. _____

7. _____

ESERCIZIO O   **Il buon senso della nonna**   I proverbi ci danno sempre dei buoni consigli. Traduci questi proverbi in inglese.

Vivi e lascia vivere.	Dimmi con chi vai e ti dirò chi sei.
A caval donato non guardare in bocca.	Aiutati che Dio ti aiuta.

| ESERCIZIO P | **Divertiamoci un po'**   Pensa a una semplice attività che fai ogni giorno e cerca di elencare le istruzioni per un tuo amico. Leggi bene l'esempio e poi spiega l'attività di tua scelta. |

EsEMPIO: Come preparare un panino:

Prendi il pane e tagliane due fette.

Su una fetta appoggia del formaggio e del salame.

Sull'altra fetta aggiungi una fetta di pomodoro e qualche foglia di lattuga.

Accoppia le due fette di pane e mangia!

_____

_____

_____

_____

_____

_____

CHAPTER 9
The Subjunctive (*Il Congiuntivo*)

The subjunctive (*il congiuntivo*) is a mood that expresses opinions, emotions, possibilities and doubt. (Unlike the indicative mood which expresses facts and objectivity.) There are four subjunctive tenses: present, past, imperfect, and past perfect.

1. Present Subjunctive of Regular Verbs

The present subjunctive of regular verbs is formed by dropping the infinitive endings (*-are, -ere, -ire*) and adding the endings shown below. Verbs ending in *-ire* which add *-isc* in the indicative form also add it in the subjunctive form.

SUBJECT PRONOUNS	MANDARE *to send*	PERDERE *to lose*	AVVERTIRE *to advise*	OBBEDIRE *to obey*
che io	mand*i*	perd*a*	avvert*a*	obbed*isca*
che tu	mand*i*	perd*a*	avvert*a*	obbed*isca*
che lui/lei	mand*i*	perd*a*	avvert*a*	obbed*isca*
che noi	mand*iamo*	perd*iamo*	avvert*iamo*	obbed*iamo*
che voi	mand*iate*	perd*iate*	avvert*a*	obbed*iate*
che loro	mand*ino*	perd*ano*	avvert*a*	obbed*iscano*

NOTES: 1. Verbs that end in *-care* and *-gare* add *h* to all forms of the subjunctive.

      ESEMPIO: cercare io cerchi, tu cerchi, lui cerchi,
            noi cerchiamo, voi cerchiate, loro cerchino

  2. Verbs that end in *-ciare, -giare, -sciare, -gliare* drop the *i*.

      ESEMPIO: sbagliare io sbagli, tu sbagli, lui sbagli,
            noi sbagliamo, voi sbagliate, che loro sbaglino.

  3. Verbs that end in *-iare* drop the *i* from the stem, unless it is stressed in the first person indicative.

      ESEMPI: studiare (studio) io studi, tu studi, lui studi,
                      noi studiamo, voi studiate, loro studino

           inviare (invio) io invii, tu invii, lui invii,
                      noi inviamo, voi inviate, loro inviino

| **ESERCIZIO A** | Pratica   Coniughiamo i seguenti verbi al congiuntivo presente. |

	aiutare	chiedere	aprire	tradire
che io				
che tu				
che lui/lei				
che noi				
che voi				
che loro				

| **ESERCIZIO B** | **Ancora pratica**   Completare le frasi coniugando i verbi in parentesi al congiuntivo presente. |

ESEMPIO: (*vendere*)   Dubito che loro **vendano** la loro casa.

1. (*comprare*)   Credo che lui _____ una macchina nuova.

2. (*finire*)   È meglio che tu _____ i compiti prima di cena.

3. (*ritornare*)   Desidero che loro _____ a casa prima di mezzanotte.

4. (*scrivere*)   Vogliamo che voi ci _____ i messaggi in inglese

5. (*capire*)   È importante che mia madre _____ le informazioni.

6. (*leggere*)   È giusto che gli studenti _____ i classici della letteratura.

7. (*arrivare*)   Dubitano che io _____ a scuola in orario.

8. (*prendere*)   È meglio che noi _____ l'aereo.

9. (*partire*)   È probabile che lei _____ partire prima di noi.

10. (*chiudere*)   È normale che in Italia i negozi _____ nel pomeriggio.

| **ESERCIZIO C** | **Fra l'italiano e l'inglese.**   Completa ogni frase con il congiuntivo del verbo in parentesi. Traduci la frase in inglese. |

ESEMPIO: (*urlare*)   Sandro spera che la bambina non **urli** tutta la notte.
Sandro hopes the baby will not scream all night.

1. (*arrivare*)   Io voglio che gli amici _____ in orario.

2. (*preparare*)   Pensiamo che la mamma _____ una bella festa per il nostro compleanno.

_____

3. (*ascoltare*)   I professori dubitano che gli studenti _____ attentamente la lezione.

_____

4. (*funzionare*)   Ho paura che il mio telefonino non _____ bene.

_____

5. (*guadagnare*)   Tu credi che Stefania _____ molto al suo lavoro.

_____

6. (*fumare*)   I miei genitori non vogliono che io _____ .

_____

7. (*pagare*)   Ho paura che loro _____ troppo per la spesa.

_____

8. (*finire*)   Dubito che Sarina _____ i miei compiti.

_____

9. (*trovare*)   Mi dispiace che lui non _____ posteggio per la macchina.

_____

10. (*meritare*)   Pensiamo che Simona _____ un bel regalo.

_____

11. (*imbarazzarsi*)   Non penso che Paolo _____ facilmente.

_____

12. (*lavare*)   Dubitiamo che voi _____ il pavimento ogni giorno.

_____

13. (*continuare*)   Preferisco che gli amici _____ a visitarmi la sera.

_____

14. (*inquinare*)   Ho paura che la plastica _____ il nostro ambiente.

_____

15. (*riposarsi*)   I nonni sono contenti che noi _____ appena arriviamo da loro.

_____

ESERCIZIO D | **La tua opinione!** Pensa ai tuoi compagni nella classe d'italiano e scrivi una frase dicendo chi di loro fa le attività elencate.

ESEMPIO: Aiutare gli amici con i loro problemi
Penso che **Maria aiuti gli amici con i loro problemi.**

1. Ballare bene

   Penso che _____

2. Studiare molto

   Penso che _____

3. Finire tutti i compiti prima di uscire

   Penso che _____

4. Guidare una bella macchina

   Penso che _____

5. Sprecare molto tempo al computer

   Penso che _____

6. Lavorare dopo scuola

   Penso che _____

7. Ridere facilmente

   Penso che _____

8. Cantare nella doccia

   Penso che _____

9. Arrabbiarsi facilmente

   Penso che _____

10. Rientrare a casa tardi

    Penso che _____

11. nuotare bene

    Penso che _____

12. disegnare come un artista

    Penso che _____

13. conoscere tutti a scuola

    Penso che _____

14. amare gli sport

    Penso che _____

15. leggere libri interessanti

    Penso che _____

2.   Present Subjunctive of Irregular Verbs

a. Here are five common irregular verbs in the present subjunctive.

SUBJECT PRONOUNS	ESSERE *to be*	AVERE *to have*	SAPERE *to know*	DARE *to give*	STARE *to feel, to stay*
che io	sia	abbia	sappia	dia	stia
che tu	sia	abbia	sappia	dia	stia
che lui/lei	sia	abbia	sappia	dia	stia
che noi	siamo	abbiamo	sappiamo	diamo	stiamo
che voi	siate	abbiate	sappiate	diate	stiate
che loro	siano	abbiano	sappiano	diano	stiano

b. The verb DOVERE (*to have to, must*) is also irregular in the present subjunctive and it has two possible forms. The form used is based on personal preference.

SUBJECT PRONOUNS	DOVERE *to have to, must*
che io	debba, deva
che tu	debba, deva
che lui/lei	debba, deva
che noi	dobbiamo
che voi	dobbiate
che loro	debbano, devano

c. The present subjunctive of the following verbs is formed by changing the *io* of the present indicative tense from **-o** to **-a**, then continuing with the present subjunctive endings: **-a, -a, -iamo, -iate, -ano**.

andare *to go*	vada, vada, vada, andiamo, andiate, vadano
bere *to drink*	beva, beva, beva, beviamo, beviate, bevano
scegliere *to choose*	scelga, scelga, scelga, scegliamo, scegliete, scelgano
dire *to say*	dica, dica, dica, diciamo, diciate, dicano
fare *to do*	faccia, faccia, faccia, facciamo, facciate, facciano
potere *to be able to*	possa, possa, possa, possiamo, possiate, possano

tenere	*to hold*	tenga, tenga, tenga, teniamo, teniate, tengano
uscire	*to go out*	esca, esca, esca, usciamo, usciate, escano
venire	*to come*	venga, venga, venga, veniamo, veniate, vengano
vincere	*to win*	vinca, vinca, vinca, vinciamo, vinciate, vincano
volere	*to want*	voglia, voglia, voglia, vogliamo, vogliate, vogliano
spegnere	*to turn off*	spenga, spenga, spenga, spegniamo, spegnete, spengano

NOTE: The *noi* form of the indicative and the subjunctive present tenses are the same.

ESERCIZIO E | **Irregolarità** Completare le seguenti frasi con i verbi irregolari in parentesi.

ESEMPIO: (*tenersi*) È importante che i bambini **si tengano** per mano per attraversare la strada!

1. (*essere*) È possibile che lui _____ qui presto.

2. (*avere*) È meglio che loro _____ i passaporti validi.

3. (*andare*) Desidero che tu _____ a cena con noi.

4. (*fare*) Voglio che voi _____ i compiti prima di cena.

5. (*caricare*) È bene che io _____ i bagagli in macchina in tempo.

6. (*venire*) È importante che mio fratello _____ con noi.

7. (*sapere*) È giusto che gli studenti _____ parlare italiano.

8. (*bruciare*) Bisogna assicurarsi che il bambino non _____ sotto il sole.

9. (*dare*) È necessario che io _____ le informazioni a mia madre.

10. (*stare*) È meglio che noi _____ tutti insieme.

11. (*allacciarsi*) Non credo che la bambina _____ le scarpe da sola.

12. (*uscire*) È probabile che lei _____ insieme agli amici.

13. (*mangiare*) È comune che gli italiani _____ pane con i loro pasti.

14. (*mancare*) Credo che loro _____ dalla lista dei partecipanti.

15. (*potere*) Può darsi che voi _____ venire con noi.

16. (*dire*) È utile che voi _____ la verità ai vostri genitori.

17. (*scegliere*) È importante che gli studenti _____ un'università da frequentare.

18. (*spegnere*) È necessario che tu _____ tutte le luci prima di uscire.

19. (*tenere*) La signora vuole che io _____ il bambino in braccio.

20. (*dovere*)   I genitori temono che Carlo _____ ripetere l'anno scolastico.

21. (*vincere*)   Speriamo che la nostra squadra _____ il campionato.

3.   Uses of the Subjunctive

The subjunctive mood expresses an opinion, a belief, a need, or uncertainty. This format is not always true in English. In Italian the subjunctive is required when these conditions are present.

a. The subjunctive is used mainly in dependent clauses introduced by *che*.

b. The main clause includes a verb that expresses volition, emotion, doubt, or opinion.

c. The subjects of the main and dependent clauses must be different.

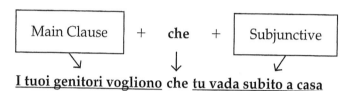

I tuoi genitori vogliono che tu vada subito a casa

ESEMPI:

Voglio che gli studenti parlino italiano in classe.	*I want students to speak Italian in class.*
Abbiamo paura che loro guidino velocemente.	*We are afraid that they drive too fast.*
I genitori dubitano che i figli studino quando sono con gli amici.	*Parents doubt that kids study when they are with their friends.*
Voi pensate che la scuola finisca a maggio.	*You think that school ends in May.*

The following table gives examples of verbs that require the subjunctive.

TO EXPRESS VOLITION	TO EXPRESS EMOTIONS	TO EXPRESS DOUBT	TO EXPRESS OPINIONS
VOLERE *to want*	**avere paura che** *to be afraid that*	**dubitare** *to doubt*	**pensare** *to think*
desiderare *to desire*	**essere contento che** *to be content that*	**temere** *to fear*	**credere** *to believe*
sperare *to hope*	**essere felice che** *to be happy that*	**non essere sicuro che** *to be unsure that*	**immaginare** *to immagine*
preferire *to prefer*	**dispiacersi che (mi dispiace che)** *to be sorry that*	**non credere** *to not believe*	
augurarsi che *to wish*			

| ESERCIZIO F | **Dillo in italiano.**   Traduci le seguenti frasi.

ESEMPIO: We hope that you receive a good grade.
           Speriamo che tu riceva un buon voto.

1. I hope that the exam is easy.

   _____

2. They think that the trip is too long.

   _____

3. We want Maria to come with us.

   _____

4. You want us to pay attention.

   _____

5. I fear that the train is late.

   _____

6. My mother hopes that I write a card to my grandparents.

   _____

7. You are afraid that they are not able to pay the bill.

   _____

8. She doubts that he wants to go to the restaurant.

   _____

9. I believe that you are telling the truth.

   _____

10. We think that they have too little time for sports.

   _____

4.   Subjunctive after Impersonal Expressions

The following impersonal expressions require the use of the subjunctive, and offer the perfect main clause set up for the present subjunctive to follow.

È bene (male) che	It's good (bad) that
È facile che	It's likely that
È meglio che	It's best that
È necessario che	It's necessary that
È ora che	It's time that
È un peccato che	It's a shame that
È importante che	It's important that
È possibile che	It's possible that
È probabile che	It's probable that
È giusto che	It's right that
È sufficiente che	It's sufficient that
È vero che	It's true that
Basta che	It's enough that
Bisogna che	It's essential that
Può darsi che	It's likely that

ESERCIZIO G   **Ancora in italiano**   Traduci le seguenti frasi.

ESEMPIO: It's important that I speak to my mother.
È importante che io parli a mia madre.

1. It's time that I call home.

_____

2. It's best that they travel by train.

_____

3. It's a shame that you cannot come with us.

_____

4. It's likely that we arrive late.

_____

5. It's necessary that they write well in Italian.

_____

6. It's not enough that you read magazines.

_____

7. It's possible that the museum is closed.

_____

8. It's essential that I come early.

_____

9. It's sufficient that you save money for college.

_____

10. It's important that they have good grades.

_____

ESERCIZIO H   **Secondo te . . .**   Pensa, ripensa e completa le seguenti espressioni.

ESEMPIO: È ora che **tu finisca i compiti.**

1. È importante che _____

2. Basta che _____

3. È difficile che _____

4. È giusto che _____

5. È bene che _____

6. È necessario che _____

7. È impossibile che _____

8. È probabile che _____

9. Bisogna che _____

10. È ingiusto che _____

11. È essenziale che _____

12. È un peccato che _____

13. È possibile che _____

14. È naturale che _____

15. Può darsi che _____

5. Subjunctive after Superlative Expressions

Superlative expressions also require a subjunctive.

ESEMPI: **È la foto più bella che io abbia.** *It's the most beautiful picture that I have.*

Sono le persone più generose che io conosca. *They are the most generous people that I know.*

> ESERCIZIO I | **Senza esagerare** Esprimi in inglese i seguenti superlativi completandoli con la tua opinione.

ESEMPIO: The best athlete that plays golf. **Tiger Woods è il miglior atleta che giochi a golf.**

1. The hardest subject that you are studying. _____

2. The lowest grade that you receive. _____

3. The most beautiful city that there is. _____

4. The best friend that you have. _____

5. The nicest person that you know. _____

6. Use of Present Subjunctive versus Present Indicative or Infinitive

While the indicative mood expresses certainty or at least possibility of an action, the subjunctive mood implies uncertainty and doubt. If there is no change of subject in the sentence, the second verb is in the infinitive form.

Present indicative	Present with infinitive	Present subjunctive
Tu ricevi buoni voti.	È bene ricevere buoni voti.	È bene che tu riceva buoni voti.
Il Milan vince sempre.	Il Milan deve vincere sempre.	Dubito che il Milan vinca sempre.
Partono domani.	Vogliono partire domani.	Voglio che loro partino domani.

> ESERCIZIO J | **Decisioni . . . decisioni!** Esamina bene le seguenti frasi e decidi se usare il presente indicativo, l'infinitivo o il presente congiuntivo per completare ogni frase.

ESEMPI: (*to visit*) **Devo *visitare* i miei nonni.**

(*to visit*) **Mia madre vuole che io *visiti* i miei nonni.**

(*to visit*) **Io *visito* i miei nonni ogni settimana.**

1. (*to write*) Il professore insiste che gli studenti _____ tutto in italiano.

2. (*to mail*) È meglio che tu _____ il pacco dall'ufficio postale.

3. (*to wait*)   Noi _____ il treno che arriva da Roma.

4. (*to know*)   Dubito che tu _____ tutte le parole dell'inno nazionale italiano!

5. (*to hide*)   Il cane _____ le ossa nel giardino.

6. (*to know*)   Loro vogliono _____ quando arriviamo.

7. (*to come*)   Sono sicurissima che loro _____ alla gita.

8. (*to play*)   Mario sa _____ benissimo il flauto ed il clarinetto.

9. (*to be*)   Immagino che Mario _____ malato.

10. (*to ask*)   Ti posso _____ un favore?

11. (*to go*)   Domani voglio _____ al centro commerciale.

12. (*to turn off*)   I miei genitori vogliono che io _____ la luce quando esco.

13. (*to break*)   Ho paura di _____ questo ipod se lo uso.

14. (*to reserve*)   Spero che Marisa _____ un tavolo al ristorante per noi.

15. (*to clean*)   La signora deve _____ la sua macchina oggi pomeriggio.

7. Past Subjunctive

The past subjunctive (present perfect) of the subjunctive is formed by using the present subjunctive of the helping verbs *AVERE* or *ESSERE* and the past participle of the given verb. As in the *passato prossimo* of the indicative mood (Chapter 2) the past participles of some verbs are irregular and they agree in gender and number with the subject when the helping verb is *ESSERE*.

ESEMPI: **che io abbia comprato**   **che Laura sia stata**
            che loro abbiano visto   **che voi vi siate divertiti**
            che Anita abbia letto   **che lei sia nata**

SUBJECT PRONOUNS	ESSERE	AVERE	
che io	sia	abbia	
che tu	sia	abbia	
che lui/lei	sia	abbia	-ato
che noi	siamo	abbiamo	-uto or irregular past participle
che voi	siate	abbiate	-ito
che loro	siano	abbiano	

ESERCIZIO K   Pratica   Coniughiamo i seguenti verbi al congiuntivo passato.

	lavare	leggere	cadere	salire
che io	_____	_____	_____	_____
che tu	_____	_____	_____	_____
che lui/lei	_____	_____	_____	_____
che noi	_____	_____	_____	_____
che voi	_____	_____	_____	_____
che loro	_____	_____	_____	_____

ESERCIZIO L   **Credo che ... !** Ogni volta che il tuo amico dice qualcosa tu esprimi la possibilità che sia già stata fatta. Puoi variare le risposte cominciando con: Credo/Penso/Immagino/Dubito/Ho paura ...

ESEMPIO: I ragazzi finiscono il tema.   **Credo che i ragazzi abbiano finito il tema!**

1. Emma parte dopo cena.   _____

2. I ragazzi parlano con i genitori.   _____

3. Il cappotto costa troppo.   _____

4. Voi arrivate tardi.   _____

5. Tu ti diverti con gli amici.   _____

6. Loro dicono la verità.   _____

7. Il bambino mangia troppi dolci.   _____

8. Il turista chiede indicazioni.   _____

9. Anna si sveglia dopo le dieci.   _____

10. Tu perdi l'autobus.   _____

11. Noi scriviamo gli esercizi.   _____

12. L'avvocato difende la legge.   _____

13. Lei incontra le amiche.   _____

14. I fratelli litigano molto.   _____

15. Riccardo paga il conto.   _____

ESERCIZIO M | **Perchè il ritardo?** La segretaria dell'ufficio non è ancora arrivata a scuola stamattina. Tu ed un gruppo di compagni la state aspettando e cercate di indovinare cosa sia successo.

ESEMPIO: **È possibile che lei non abbia sentito la sveglia.**

1. _____
2. _____
3. _____
4. _____
5. _____
6. _____
7. _____

ESERCIZIO N | **Una lettera** Prima di partire per un viaggio, Lisa riceve una lettera da suo cugino Simone che vive a Lucca. Completa la lettera con la forma corretta dei verbi.

Carissima Lisa,

Ho appena saputo che tu verrai a Lucca con una tua amica. Che bella notizia! Spero che il tuo

arrivo _____ imminente e io _____ il messaggio che hai lasciato nella mia
　　　　　 1. (essere)　　　　　　　　　　 *2. (capire)*

segreteria telefonica. Voglio che tu _____ che sarò a vostra disposizione durante il
　　　　　　　　　　　　　　　　　　 3. (sapere)

vostro soggiorno, quindi puoi _____ su di me per qualsiasi cosa. È importante che
　　　　　　　　　　　　　　 4. (contare)

voi _____ una lista dei posti che volete _____ ed un itinerario. C'è molto da
　　 5. (preparare)　　　　　　　　　　　　　　 *6. (visitare)*

_____ e non voglio che voi _____ tempo. Mi auguro che voi _____
7. (vedere)　　　　　　　　　　　 *8. (perdere)*　　　　　　　　　　　　 *9. (divertirsi)*

mentre _____ a Lucca. I miei genitori desiderano che io vi _____ da guida e
　　　 10. (essere)　　　　　　　　　　　　　　　　　　　　　 *11. (fare)*

vi _____ ai posti più popolari nella zona, ma io preferisco che tu mi _____
12. (accompagnare)　　　　　　　　　　　　　　　　　　　　　　　　　 *13. (dire)*

cosa vi interessa fare. Ti prego di mandarmi un e-mail per mettermi al corrente dei piani

che avete fatto. Spero di _____ una tua risposta al più presto. Intanto tutti noi ti
　　　　　　　　　　 14. (ricevere)

_____ con ansia. Un abbraccio,
15. (aspettare)

Simone

| ESERCIZIO O | **Un tipico teenager** Leggi questo paragrafo e offri le tue opinioni sulla situazione di Enrico completando le frasi alla fine del paragrafo. |

La settimana scorsa è stata molto difficile per Enrico. Ha avuto un importante esame di matematica per il quale non ha potuto studiare molto. La sua squadra di pallacanestro ha giocato un'importante partita per il campionato statale e la sua ragazza Marta si è lamentata di non avere potuto passare abbastanza tempo con lui. Inoltre i genitori di Enrico sono preoccupati perchè il ragazzo non ha ancora ricevuto informazioni dall'università; ancora non sa se è stato accettato. Enrico non sa dove sbattere la testa con tanti impegni: i compiti, il lavoro, gli amici, la ragazza, la scuola, lo sport, l'università . . . .BASTA! Per fortuna l'allenatore di golf gli ha promesso un posto nella squadra scolatica primaverile e poi c'è il viaggio in Italia con la scuola che i nonni gli hanno generosamente pagato!

ESEMPIO: Ho paura che Enrico **sia molto stanco.**

1. Credo che Enrico _____

2. Dubito che Enrico _____

3. È importante che Enrico _____

4. Non so se Enrico _____

5. È un peccato che Enrico _____

6. Temo che Enrico _____

7. Sono contento/a che Enrico _____

8. È probabile che Enrico _____

9. Non è giusto che _____

10. Desidero che _____

CHAPTER 10
Other Uses of the Subjunctive

1. Subjunctive with Certain Conjunctions

The following conjunctions usually introduce a dependent clause which requires the subjunctive.

a meno che	*unless*	**prima che**	*before*
finchè	*in order that*	**purchè**	*provided that*
benchè	*although*	**senza che**	*without*
sebbene	*although*	**chiunque**	*whomever*
cosicché	*so that*	**dovunque**	*wherever*
dato che	*given that*	**quantunque**	*although*
in modo che	*in order that*	**qualunque**	*whatever, whichever*
nonostante che	*even though*	**a condizione che**	*on condition that*

ESEMPI:

Per il tuo compleanno, andiamo dovunque tu voglia.

For your birthday we'll go anywhere you want.

Andremo al mare nonostante faccia freddo.

We'll go to the beach even though it is cold.

Ti presto la mia macchina a condizione che tu metta la benzina.

I will lend you my car on the condition that you put gas in it.

ESERCIZIO A Che cosa vuol dire? Traduci le seguenti frasi in inglese.

ESEMPIO: Vengo a piedi a meno che mio padre non mi dia un passaggio.
I'm coming on foot unless my father gives me a ride.

1. Chiunque telefoni, non dire dove sono andato!

_____

2. Posso pagare senza che prenda soldi dal Bancomat.

_____

3. Andiamo a passeggiare nonostante che piova.

_____

4. Ho promesso un gelato al bambino purchè faccia il bravo.

_____

5. Arriveremo prima di cena a meno che il treno non sia in ritardo.

_____

6. Non preoccuparti, ti telefonerò dovunque mi trovi.

_____

7. Scrivile prima che sia troppo tardi.

_____

8. Vuole venire con noi quantunque abbia molto lavoro da fare.

_____

9. Ti appoggerò qualunque decisione tu prenda.

_____

10. Ti presto questo libro in modo che tu possa studiare la lezione.

_____

ESERCIZIO B   **Perchè?**   Usa le seguenti congiunzioni per completare le frasi seguenti.

A meno che	**finchè**	**sebbene**	**nel caso che**
prima che	**in modo che**	**benchè**	**senza che**

ESEMPIO: Corro alla fermata, **prima che arrivi l'autobus.**

1. Non ti telefonerò _____

2. Andremo al mare _____

3. Ti do il mio indirizzo _____

4. Uscirò con gli amici _____

5. Ti dirò la verità _____

6. Chiederò la macchina a papà _____

7. Andrò all'università _____

ESERCIZIO C   **Comunque sia.**   Completa ogni frase con il congiuntivo del verbo in parentesi.

1. (*potere*)   Ti presto la mia macchina perchè tu _____ andare a lavorare.

2. (*andare*)   Sandra mi invita a condizione che io _____ alla festa con Carolina.

3. (*chiedere*)   Racconto tutto alla mamma, prima che lei me lo _____ .

4. (*fare*)   Puoi usare la mia macchina a condizione che tu _____ il pieno di benzina.

5. (*essere*)   Non mi telefonare tardi a meno che non _____ molto urgente.

6. (*volere*)   Studieremo per l'esame, sebbene _____ chiacchierare online.

7. (*vedere*)   Farò molte foto in modo che voi _____ la mia bella casa.

8 (*sapere*)   Organizzeremo una festa senza che Isabella lo _____ in anticipo.

9. (*costare*)   Andremo in Italia purchè non _____ troppo.

10. (*venire*)   Aspettiamo daventi al negozio finchè lui _____ a raggiungerci.

2.   Use of the Subjunctive in Formal Commands

Formal commands **lei** and **loro** (imperative) use the subjunctive forms. The subject pronouns are omitted.

INFINITIVE	COMMANDS		
	LEI	LORO	
sentire	senta	sentano	*listen*
guardare	guardi	guardino	*look*
pagare	paghi	paghino	*pay*
andare	vada	vadano	*go*

ESEMPI: **Signora, senta questa bella canzone!**   *Madam, listen to this beautiful song!*
Guardi quella bella casa.   *Look at that beautiful house.*
Signori, paghino alla cassa.   *Gentlemen, pay at the register.*
Al semaforo, vadano diritto.   *At the traffic light, go straight.*

NOTES: 1.   Direct, indirect, double object pronouns and reflexive pronouns precede the formal commands.

ESEMPI: **Lo porti a casa.**   *Take it home.*
Gli dica che sono arrivata.   *Tell him I arrived.*
Glielo dica.   *Tell him (her, them).*
Si alzino presto.   *Get up early.*

2. The negative form of the formal commands is simply formed by placing *non* in front of the verb.

ESEMPI: **Non gli dica niente.**   *Don't tell him anything.*
Non si alzino presto.   *Don't get up early.*
Non lo porti con se.   *Don't take it with you.*
Non mi chiami troppo presto.   *Don't call me too early.*

ESERCIZIO D   **Chi sarà?**   Una signora che tu non conosci viene a casa tua per visitare la tua mamma, ma lei non c' è. La signora deve aspettare. Usa l'imperativo per esprimere cosa le dici.

ESEMPIO: entrare in casa   **Entri in casa, signora!**

1. mettere la borsa sulla sedia   _____

2. togliersi il cappotto   _____

3. non stare in piedi   _____

4. accomodarsi sul divano   _____

5. prendere qualcosa da bere   _____

6. scusare il ritardo della mamma   _____

7. ascoltare la musica   _____

8. aspettare comodamente   _____

9. rispondere pure al cellulare   _____

10. non chiudere la porta   _____

ESERCIZIO E   **L'incidente d'auto.**   Tu hai tamponato la macchina di un signore e lui è molto arrabbiato. Esprimi queste frasi all'imperativo.

ESEMPIO: non gridare   **Non gridi, signore!**

1. calmarsi   _____

2. non agitarsi   _____

3. fare vedere i documenti   _____

4. prendere una penna   _____

5. scrivere le informazioni personali   _____

6. non preoccuparsi tanto   _____

7. chiamare la polizia stradale   _____

8. spegnere il motore della macchina _____

9. contattare l'agenzia di assicurazioni _____

10. spostare la macchina _____

ESERCIZIO F   **Dal dottore**   Una madre molto premurosa dà al medico i seguenti consigli per la figlia.

ESEMPIO: visitarla perchè è sempre stanca.   **La visiti perchè è sempre stanca.**

1. farle le analisi del sangue _____

2. controllare la pressione _____

3. pesarla _____

4. dirle di non agitarsi _____

5. ordinarle delle vitamine _____

6. spiegarle l'importanza delle buone abitudini _____

7. ricordarle di andare a letto presto _____

8. raccomandarle di non fumare _____

9. proibirle di bere troppo caffè _____

10. trovarle una madre meno premurosa _____

ESERCIZIO G   **La gita**   Tu fai la guida ad un gruppo di turisti italiani. Dì loro cosa devono fare. Usa la forma plurale dell'imperativo, loro.

ESEMPIO: non perdersi per strada   **Non si perdano per strada.**

1. arrivare all'orario stabilito _____

2. ascoltare attentamene _____

3. notare dove incontrare il gruppo _____

4. non allontanarsi durante le spiegazioni _____

5. non prendere foto quando è proibito _____

6. non entrare nei negozi durante le visite _____

7. essere puntuali dopo ogni attività _____

8. lasciare il 15 per cento di mancia nei ristoranti _____

9. non fumare nei posti publici _____

10. stare attenti alle borse ed ai portafogli _____

| **ESERCIZIO H** | **Regole dello scambio.** Durante uno scambio scolastico in Italia, la professoressa dice agli studenti cosa devono fare per essere buoni ospiti. Scrivi i suoi consigli usando l'imperativo formale. |

ESEMPIO: Alzarsi in orario la mattina   **Si alzino in orario la mattina.**

1. Rispettare le regole della casa _____

2. Non parlare troppo _____

3. Assaggiare il cibo che viene servito _____

4. Rifare il letto prima di uscire _____

5. Non lasciare i panni sporchi per terra _____

6. Avvertire se saranno in ritardo _____

7. Andare con la famiglia a visitare i parenti _____

8. Essere educati e rispettosi _____

9. Non portare amici a casa senza permesso _____

10. Non disturbare l'amico mentre studia _____

11. Aiutare quando è possibile _____

12. Spegnere la luce quando non sono in camera _____

13. Non stare troppo al telefono _____

14. Usare la cartina telefonica per chiamare gli Stati Uniti _____

15. Non insistere quando i genitori dicono di no _____

3.   Subjunctive in Relative Clauses

The subjunctive is used in relative clauses when the antecedent in the independent clause is desired, sought but not yet found, or non existent.

ESEMPI: **Cerco una persona che parli italiano, tedesco e russo.**

I am looking for a person who speaks Italian, German and Russian.
(You may not find such a person)

Conosci qualcuno che possa guidare una moto?

Do you know someone who can drive a bike?
(You may not know anyone)

Voglio un marito che sia ricco e bello.

I want a husband who is rich and handsome.
(You may not find one)

| ESERCIZIO I |

Il condominio perfetto.   Michele vuole comprare un condominio, ma lui ha difficoltà a trovarlo perchè è molto esigente. Completa la frase dicendo cosa deve avere il condominio.

ESEMPIO: Avere due camere da letto.

Cerca un condominio **che abbia due camere da letto.**

1. Includere un parcheggio.

   Cerca un condominio _____

2. Essere in città.

   Cerca un condominio _____

3. Avere un balcone.

   Cerca un condominio _____

4. Trovarsi in una zona tranquilla.

   Cerca un condominio _____

5. Avere due bagni.

   Cerca un condominio _____

6. Includere la lavatrice.

   Cerca un condominio _____

7. Non costare troppo.

   Cerca un condominio _____

8. Dare su un giardino.

   Cerca un condominio _____

ESERCIZIO J   **Una nuova città.**   Chiedi informazioni sulla città e completa ogni frase.

Esempio: Cerco una pasticceria **che venda dolci italiani.**

1. Cerco una farmacia che _____

2. Cerco un ristorante che _____

3. Cerco una biblioteca che _____

4. Cerco un negozio che _____

5. Cerco un parco che _____

6. Cerco un autobus che _____

7. Cerco una banca che _____

8. Cerco un cinema che _____

9. Cerco una stazione di benzina che _____

10. Cerco una pizzeria che _____

11. Cerco un supermercato che _____

12. Cerco un bar che _____

13. Cerco una piazza che _____

14. Cerco una lavanderia che _____

15. Cerco un centro commerciale che _____

CHAPTER 11
Imperfect and Pluperfect Subjunctive

The imperfect and pluperfect subjunctive, like the present and past subjunctive, follow a main clause that expresses emotions, doubt, uncertainty and opinion. They also follow impersonal expressions and conjunctions. (See Chapters 9 and 10.)

1. The Imperfect Subjunctive

The imperfect subjunctive follows a main clause that is in the past tense (*passato prossimo, passato remoto, imperfetto*) or in the conditional. In forming the imperfect subjunctive, the three conjugations drop only the *-re* and add the same endings *-ssi, -ssi, -sse, -ssimo, -ste, -ssero*.

SUBJECT PRONOUN	PENSARE *to think*	PIANGERE *to cry*	MENTIRE *to deny*
che io	pensa*ssi*	piange*ssi*	menti*ssi*
che tu	pensa*ssi*	piange*ssi*	menti*ssi*
che lui/lei	pensa*sse*	piange*sse*	menti*sse*
che noi	pensa*ssimo*	piange*ssimo*	menti*ssimo*
che voi	pensa*ste*	piange*ste*	menti*ste*
che loro	pensa*ssero*	piange*ssero*	menti*ssero*

a. There are few irregular verbs in the imperfect subjunctive. The most important are:

SUBJECT PRONOUN	ESSERE *to be*	DARE *to give*	STARE *to stay*
che io	fossi	dessi	stessi
che tu	fossi	dessi	stessi
che lui/lei	fosse	desse	stesse
che noi	fossimo	dessimo	stessimo
che voi	foste	deste	steste
che loro	fossero	dessero	stessero

b. The following are also irregular in the imperfect subjunctive.

bere	*to drink*	bevessi, bevessi, bevesse, bevessimo, beveste, bevessero
dire	*to say*	dicessi, dicessi, dicesse, dicessimo, diceste, dicessero
fare	*to do*	facessi, facessi, facesse, facessimo, faceste, facessero
tradurre	*to translate*	traducessi, traducessi, traducesse, traducessimo, traduceste, traducessero

NOTE: All **-urre** verbs follow the **tradurre** pattern.

| ESERCIZIO A | **Che maestro!** Un gruppo di noi ricorda che alla scuola media il professore d'italiano era bravissimo. Era molto esigente ma ci voleva molto bene. Ecco cosa ricordiamo di lui. |

ESEMPIO: (*fare*) Voleva che noi ragazzi **facessimo** sempre i compiti.

1. (*prendere*) Insisteva che tutti _____ appunti nei quaderni.

2. (*ripetere*) Voleva che noi _____ ad alta voce le parole nuove.

3. (*essere*) Credeva che io _____ brava in lingue straniere.

4. (*parlare*) Era contento che tu _____ con facilità.

5. (*scrivere*) Era preoccupato che Umberto non _____ abbastanza bene.

6. (*prestare*) Temeva che Aldo non _____ abbastanza attenzione.

7. (*avere*) Ci teneva che noi _____ buoni voti.

8. (*chiacchierare*) Si dispiaceva che noi _____ invece di ascoltare.

9. (*tradurre*) Preferiva che Stefano non _____ letteralmente dall'inglese.

10. (*dire*) Suggeriva che noi _____ tutto in italiano.

11. (*leggere*) Pregava che Alberto _____ con più attenzione.

12. (*arrivare*) Si aspettava che la classe _____ in aula in orario.

13. (*pronunciare*) Pretendeva che tu _____ le parole chiaramente.

14. (*usare*) Non permetteva che gli studenti _____ il telefonino durante la lezione.

15. (*conoscere*) Desiderava che tutti noi _____ la bellezza della cultura italiana.

| ESERCIZIO B | **Esperienze nuove** L'anno scorso durante la gita scolastica la professoressa ha asserito su certe cose. Completa le seguenti frasi. |

ESEMPIO: (*potere*) Era felice che noi **potessimo** tutti andare in gita.

1. (*arrivare*) Era importante che noi _____ agli appuntamenti in orario.

2. (*prestare*) Era essenziale che noi _____ attenzione alla guida.

3. (*avere*) Era indispensabile che noi _____ un passaporto valido.

4. (*vedere*) Era impossibile che noi _____ tutto in un giorno.

5. (*uscire*) Era necessario che noi non _____ da soli di sera.

6. (*abituarsi*) Era meglio che noi _____ subito all'orario locale.

7. (*dovere*)   Era giusto che noi _____ condividere la stanza con un compagno.

8. (*capire*)   Era bene che noi _____ la lingua.

9. (*portare*)   Era difficile che noi _____ più di una valigia a testa.

10. (*divertirsi*)   Era naturale che noi _____ insieme ai nostri compagni.

ESERCIZIO C   **Guardati intorno**   Scrivi una frase completa su quello che pensavi su dieci dei tuoi compagni di classe prima di conoscerli meglio.

ESEMPIO: (Marco)   **Marco, pensavo che tu fossi buffo.**

1. _____

2. _____

3. _____

4. _____

5. _____

6. _____

7. _____

8. _____

9. _____

10. _____

ESERCIZIO D   **Si cambia**   Cambiare le seguenti frasi dall'indicativo al congiuntivo usando le espressioni in parentesi.

ESEMPIO: La squadra vinceva il campionato   (Era probabile . . .)
          Era probabile che la squadra vincesse il campionato.

1. I ragazzi bevevano un cappuccino al bar. (Credevo . . .)

   _____

2. Mirella evitava di spendere troppo. (Era giusto . . .)

   _____

3. Tu pagavi il conto con l'assegno (Bastava . . .)

   _____

4. Noi andavamo a scuola in macchina. (Volevi . . .)

   _____

5. Io ero arrabbiato per il ritardo. (Temevano . . .)

_____

6. Tirava troppo vento per andare in barca. (Avevo paura . . .)

_____

7. Mangiavate un bel pranzo in famiglia. (Era bene . . .)

_____

8. Il bambino aveva un brutto raffreddore. (Sembrava . . .)

_____

9. Tu e Andrea partivate per l'università. (Era indispensabile . . .)

_____

10. I ragazzi si lavavano le mani frequentemente. (Bisognava . . .)

_____

2.   The Pluperfect Subjunctive

The pluperfect subjunctive is formed by using the imperfect subjunctive of AVERE or ESSERE as a helping verb and the past participle of the given verb. As in all compound tenses (Review Chapter 4.) the past participle agrees in gender and number with the subject when the helping verb is ESSERE.

SUBJECT PRONOUNS	ESSERE	AVERE	
che io	fossi	avessi	
che tu	fossi	avessi	
che lui/lei	fosse	avesse	-ato
che noi	fossimo	avessimo	-uto } or irregular past participle
che voi	foste	aveste	-ito
che loro	fossero	avessero	

ESEMPI: **che io avessi letto**   _that I had read_
che loro avessero venduto   _that they had sold_
che Anita avesse vinto   _that Anita had won_

che lei fosse diventata   _she had become_
che Laura fosse restata   _that Laura had remained_
che noi ci fossimo svegliati   _that we had woken up_

ESERCIZIO E   **Riguardando il passato**   Metti le seguenti frasi al passato prossimo.

ESEMPIO: Credo che lui abbia avuto paura.
Credevo che lui avesse avuto paura.

1. Vogliono che io abbia detto la verità.

   _____

2. Preferiamo che loro siano venuti a piedi.

   _____

3. Spero che voi siate andati a visitare la nonna.

   _____

4. Mi auguravo che Eleonora sia stata bene con noi.

   _____

5. Ho paura che tu abbia speso troppo.

   _____

6. Temo che gli atleti si siano stancati.

   _____

7. Non credete che noi abbiamo saputo la verità.

   _____

8. È felice che voi abbiate ordinato la sua specialità.

   _____

9. Mi dispiace che il ragazzo non abbia vinto la partita.

   _____

10. Pensano che io sia stato malato.

    _____

11. Dubiti che Marta abbia potuto comprare tutto.

    _____

12. Sono contento che tu ti sia laureato.

    _____

ESERCIZIO F	**Dillo in italiano** Traduci le seguenti frasi in italiano usando il trapassato del congiuntivo.

ESEMPIO: I was afraid that he had spent too much money.
            Avevo paura che avesse speso troppi soldi.

1. The teacher doubted that they had understood the lesson.

   _____

2. You feared that he had left without his passport.

   _____

3. She thought that all of you had arrived together.

   _____

4. They wished that we had bought a new car.

   _____

5. I was hoping that you had enjoyed yourself.

   _____

6. You were sorry that I had not written an e-mail.

   _____

7. I was furious that you had taken my cell phone.

   _____

8. He imagined that they had gotten married.

   _____

9. My mother was afraid that we had had an accident.

   _____

10. I didn't remember that she had spoken to us.

    _____

3.   Verb Sequencing

Verb in the main clause (indicative)	Verb in the subjunctive clause
present	present subjunctive present perfect subjunctive
future	present subjunctive

ESEMPI:

Dubito che loro partino subito.	*I doubt that they leave right away.*
Dubito che loro siano partiti subito.	*I doubt that they left right away.*
Sarà importante che loro vengano con noi.	*It will be important that they come with us.*

Verb in the main clause (indicative)	Verb in the subjunctive clause
imperfect present perfect historical past (remoto) pluperfect present conditional past conditional	imperfect subjunctive pluperfect subjunctive

ESEMPI:

Voleva che tu venissi alla mia festa.	*He wanted you to come to my party.*
Voleva che tu fossi venuto alla mia festa.	*He wanted you to have come to my party.*
È stato importante che Anna scrivesse la lettera.	*It was important for Anne to write the letter.*
È stato importante che Anna avesse scritto la lettera.	*It was important for Anne to have written the letter.*
Fu importante che Marta fosse con loro.	*It was important that Marta was with them.*
Fu importante che Marta fosse stata con loro.	*It was important that Marta had been with them.*
Avevo dubitato che tu viaggiassi da solo.	*I had doubted that you traveled alone.*
Avevo dubitato che tu avessi viaggiato da solo.	*I had doubted that you had traveled alone.*
Vorrei che voi ritornaste presto.	*I would like you to return early.*
Vorrei che voi foste ritornati presto.	*I would like you to have returned early.*
Avrebbe creduto che io dicessi la verità.	*He would have believed that I told the truth.*
Avrebbe creduto che io avessi detto la verità.	*He would have believed that I had told the truth.*

ESERCIZIO G | Leggi attentamente le seguenti frasi e completale con i due tempi corretti del congiuntivo.

Esempio: (*volere*)   Pensavo che loro non **volessero** andare al ristorante.

Pensavo che loro non **avessero voluto** andare al ristorante.

1. (*parlare*)   Era meglio che loro _____ ai genitori prima della partenza.

Era meglio che loro _____ ai genitori prima della partenza.

2. (*rimanere*)   Credevo che Pietro _____ a casa, invece è qui con voi.

Credevo che Pietro _____ a casa, invece è qui con voi.

3. (*telefonare*)   Vorrei che tu mi _____ dopo cena.

Vorrei che tu mi _____ dopo cena.

4. (*addormentarsi*)   Ho paura che voi _____ troppo tardi.

Ho paura che voi _____ troppo tardi.

5. (*finire*)   Era necessario che Chiara _____ di scrivere la tesi.

Era necessario che Chiara _____ di scrivere la tesi.

6. (*andare*)   Hanno pensato che io _____ a Firenze per studiare.

Hanno pensato che io _____ a Firenze per studiare.

7. (*venire*)   Avrei voluto che lei _____ al teatro.

Avrei voluto che lei _____ al teatro.

8. (*studiare*)   È stato giusto che lei _____ per l'esame.

È stato giusto che lei _____ per l'esame.

9. (*avere*)   Avrebbe pensato che loro _____ ragione.

Avrebbe pensato che loro _____ ragione.

10. (*imparare*)   Era importante che io _____ il congiuntivo.

Era importante che io _____ il congiuntivo.

ESERCIZIO H   **In vacanza**   Prima della partenza per una vacanza in campeggio il direttore ha una riunione con i genitori per dare loro delle informazioni. Completa il paragrafo con i congiuntivi al tempo corretto.

Sono contento che voi _____ a questa riunione perchè è importante che i

1. (venire)

genitori _____ le regole che governeranno i quindici giorni di campeggio

2. (sapere)

dei vostri figli. Sarà importante che ogni ragazzo _____ già tutti gli articoli

3. (comprare)

indicati nell'elenco che avete ricevuto perchè non c'è possibilità di acquistare niente dopo

l'arrivo. Permettiamo che ogni ragazzo _____ il suo telefonino ma che lo
                                              4. (avere)

_____ solo in caso di emergenza. È proibito che i ragazzi _____
   5. (usare)   6. (giocare)

con strumenti elettronici durante il giorno per evitare distrazioni pericolose. Desideriamo

che tutti _____ . A conclusione delle due settimane ci auguriamo che questa
              7. (divertirsi)

_____ un'ottima esperienza e che ogni ragazzo _____ la na-
   8. (essere)   9. (apprezzare)

tura e _____ a coabitare tranquillamente fuori di casa.
           10. (imparare)

4.   If Clause (*Il Periodo Ipotetico*)

If clause (condition)   Main clause (result)
           ↘   ↙
ESEMPIO: **Se studi riceverai buoni voti.**   *If you study you will receive good grades.*

There are three types of *if* clauses: real, possible, and imaginary or unreal.

1. Real or possible situations use the present or future indicative and the imperative.

    ESEMPI:

    If + present → present
    Se finisco di studiare presto, stasera vado a fare spese.
    If I finish studying early, tonight I am going shopping.

    If + future → future
    Se lavorerò un po' di più, alla fine del mese avrò più soldi.
    If I will work a bit more, at the end of the month I'll have more money.

    If + present → imperative
    Se vai in Italia, mandami una cartolina!
    If you go to Italy, send me a postcard!

| ESERCIZIO I | Non c'è dubbio!   Scrivi otto frasi usando il periodo ipotetico di tipo reale. |

ESEMPIO: **Se ho fame, mangio un panino.**

_____

_____

_____

_____

_____

_____

_____

_____

ESERCIZIO J   **È deciso.**   Traduci in italiano le seguenti possibilità.

ESEMPIO: If my friends call, we'll go out with them.
Se i miei amici chiamano, usciremo con loro.

1. If I arrive home early from school, I will clean my room.

    _____

2. If we listen to our teachers, we will understand better what they say.

    _____

3. Can you give me a ride if you go to the mall?

    _____

4. I'm buying a new car this summer if I have the money.

    _____

5. If anyone calls, say that I am not here!

    _____

6. If they cannot go out, let's just watch a movie.

    _____

7. If mom cooks vegetable soup again, I am not eating it!

    _____

8. I will be surprised if they come to the party.

    _____

9. Use the credit card if you don't have enough money

    _____

10. If an Italian student fails more then two subjects, he has to repeat the year.

_____

11. In Italy, you cannot drive if you are not eighteen.

_____

12. If you like sweets, you'll go crazy for gelato!

_____

2. Possible situations (likely or unlikely to happen) use the imperfect subjunctive in the if clause and the conditional (present or past) in the second action.

ESEMPI:

If + subjunctive imperfect → present conditional

Se avessi più tempo e soldi, viaggerei di più!
If I had more time and money, I would travel more.

Se io non fossi tanto pigra, andrei in palestra.
If I weren't so lazy, I would go to the gym.

If + imperfect subjunctive → past conditional

Se lui non fosse tanto pigro, sarebbe andato in palestra ieri.
If he weren't so lazy, he would have gone to the gym yesterday.

Se io avessi più soldi, te li avrei già dati.
If I had more money, I would have given it to you.

| ESERCIZIO K | **Probabilmente!** Scrivete otto frasi usando il periodo ipotetico di tipo possibile. |

ESEMPIO: **Se fossi ricco farei molte opere di carità.**

_____

_____

_____

_____

_____

_____

_____

_____

ESERCIZIO L   **Tutto è possibile!**   Traduci in italiano le seguenti situazioni.

ESEMPIO: If he weren't a good waiter, we wouldn't give him the tip.
Se lui non fosse un buon cameriere, non gli daremmo la mancia.

1. If you gave me the money, I could go on the school trip.

   _____

2. If they would stay home, they probably would watch TV.

   _____

3. If it were nice weather, we could go on a picnic.

   _____

4. You would have found a job if you had spoken to me!

   _____

5. I would have read the book if I had had the time.

   _____

6. I don't know what I would do if I lost my job.

   _____

7. If I were an artist, I would paint your portrait.

   _____

8. We would have arrived late if he hadn't been there with a car.

   _____

9. If I had more courage, I would have told him what I thought.

   _____

10. If you could cook, you could prepare a delicious meal.

    _____

3. In imaginary or supposed situations, where one is taking a guess or making an assumption, the if clause uses the pluperfect subjunctive while the second action is in the past conditional.

   ESEMPI:

   If + pluperfect subjunctive → past conditional
   Se avessi avuto più tempo, avrei studiato di più.
   If I had had more time, I would have studied more.

Se io non fossi andato in Italia quest'anno, non avrei conosciuto tanti amici.
If I hadn't gone to Italy this year, I wouldn't have met so many friends.

ESERCIZIO M   **Incredibile!**   Scrivete otto frasi usando il periodo ipotetico di tipo irreale.

Esempio: **Se non fossi andato al centro commerciale, non avrei speso molti soldi.**

_____

_____

_____

_____

_____

_____

_____

_____

ESERCIZIO N   **A ripensarci**   Riguardando l'anno passato a scuola rimpiangi (*regret*) quello che avresti dovuto fare e non hai fatto. Comincia ogni espressione con **magari** (*if only*).

Esempio: leggere più romanzi   **Magari avessi letto più romanzi.**

1. studiare di più   _____

2. scrivere meglio   _____

3. stare più attento   _____

4. fare più sport   _____

5. partecipare in classe   _____

6. finire tutti i compiti   _____

7. ricevere ottimi voti   _____

8. andare al ballo annuale della scuola   _____

9. essere meno in ritardo   _____

10. chiacchierare di meno   _____

ESERCIZIO O   **In italiano**   Tradurre in italiano le seguenti frasi.

ESEMPIO: If Lucio had lived in ancient Rome, he would have been a famous senator!
   Se Lucio fosse vissuto nella Roma antica sarebbe stato un senatore famoso!

1. I would have come to the airport if you would have told me the time.

   _____

2. If Marianna had seen this purse, she would have bought it!

   _____

3. If we had met your friends, we would have invited them to the party.

   _____

4. You would have gone to the restaurant if you had known about the dinner.

   _____

5. If he had not had a good doctor, the patient would have died.

   _____

6. If I had spoken to my mother, she would have said yes.

   _____

7. If you had lost your passport, you couldn't have traveled with us.

   _____

8. If you and your brother had left later, you would have missed the train.

   _____

9. If we had ordered early, the food would have been here.

   _____

10. If I had listened to my parents, I would not have made this mistake.

   _____

CHAPTER 12
The Impersonal *SI*

1. Construction

The impersonal **si** is commonly used in Italian.

a. The construction **si** + the verb in the third person singular or plural (depending on the subject) is used to express the English impersonal construction *one, we, they, people* + verb.

ESEMPI:	
Si studia molto a scuola.	*One studies a lot in school.*
Si viaggia spesso in estate.	*People travel often in the summer.*
Si fanno molti scherzi fra amici.	*Many jokes are played around among friends.*
Si vedono molte cose belle quando si viaggia.	*You see many beautiful things when you travel.*

b. In the **impersonal si** construction, **compound tenses** are always conjugated with *ESSERE*. However, the past participles of verbs that normally would take *AVERE* keep the **-o** ending, while those that would take *ESSERE* have an **-i** ending.

ESEMPI:	
Da Sabina, ieri *si è parlato* fino a tardi.	*At Sabina's house yesterday we spoke until late.*
L'anno scorso *si è andati* in gita a New York.	*Last year we went to New York on a trip.*

c. When the **impersonal si** construction is used with reflexive verbs, the **si** becomes **ci**.

ESEMPI:		
(trovarsi)	**Ci si trova al bar.**	*We'll find each other at the bar. (We'll meet . . .)*
(divertirsi)	**Ci si diverte in montagna.**	*One has fun in the mountains.*

PER ESPRIMERSI MEGLIO

I reparti *(departments)* **di un grande magazzino**

il reparto uomo	*men*	il reparto accessori	*accessories*
il reparto donna	*women*	Il reparto bambini	*children*
il reparto bellezza e salute	*health and beauty*	Il reparto casalinghi	*home*
il reparto di pelletteria	*leather*	Il reparto mare/di stagione	*beach/seasonal*
il reparto biancheria intima	*lingerie*	Il reparto cartoleria	*stationary*

ESERCIZIO A   **Stasera** Usando la struttura del si impersonale, completa le seguenti domande.

ESEMPIO: (*uscire*) stasera   **Si esce** stasera?

1. (*andare*)   Dove _____ ?

2. (*fare*)   Cosa _____ ?

3. (*incontrarsi*)   Con chi _____ ?

4. (*partire*)   A che ora _____ ?

5. (*usare*)   Quale macchina _____ ?

6. (*parcheggiare*) Dove _____ ?

7. (*rientrare*)   Quando _____ ?

8. (*portare*)   Cosa _____ ?

9. (*avere*)   _____ i biglietti?

ESERCIZIO B   **Come si dice in italiano?** Rispondi alle seguenti domande.

ESEMPIO: Come si dice *department store*?
          Si dice grande magazzino.

1. Come si dice *department*?

   _____

2. Come si dice *stationary department*?

   _____

3. Come si dice *leather department*?

   _____

4. Come si dice *accessory department*?

   _____

5. Come si dice *health and beauty department*?

   _____

6. Come si dice *lingerie department*?

   _____

7. Come si dice *men's department*?

_____

8. Come si dice *home goods department*?

_____

9. Come si dice *women's department*?

_____

10. Come si dice *seasonal department*?

_____

ESERCIZIO C   **Alla Rinascente** Se devi fare acquisti, in quale reparto comprerai i seguenti articoli?

Esempio: Dove si comprano i costumi da bagno?
   Si comprano nel reparto mare.

1. Dove si comprano le gonne? _____

2. Dove si comprano le cravatte? _____

3. Dove si comprano le mutande? _____

4. Dove si comprano i cosmetici? _____

5. Dove si comprano i giocattoli? _____

6. Dove si comprano le cartoline? _____

7. Dove si comprano le borse? _____

8. Dove si comprano i foulards? _____

9. Dove si comprano piatti e tazze? _____

10. Dove si comprano gli asciugamani? _____

ESERCIZIO D   **Un po' di cucina** Come si fa il pesto? Riscrivi la ricetta sostituendo l'infinitivo con la forma impersonale del verbo.

Esempio: Lavare le foglie del basilico   *Si lavano* **le foglie del basilico.**

1. Asciugare bene le foglie   _____

2. Inserire un mazzetto di foglie in
   un frullatore.   _____

3. Frullare per qualche minuto _____

4. Pelare uno spicchio d'aglio _____

5. Mettere l'aglio nel miscuglio _____

6. Aggiungere un cucchiaio di pinoli, _____
   due di olio di oliva

7. Unire un abbondante cucchiaio di _____
   parmigiano grattuggiato

8. Mischiare ancora il pesto per _____
   qualche minuto

9. Assaporire con un po' di sale ed _____
   un pizzico di pepe nero.

10. Servire su pasta cotta al dente. _____

ESERCIZIO E   **Sbrigatevi!**   Hai fretta e inviti i tuoi amici a fare le seguenti attività.

ESEMPIO: (*mangiare*)   **Sbrigatevi, ragazzi, si mangia!**

1. (*partire*) _____

2. (*uscire*) _____

3. (*ballare*) _____

4. (*nuotare*) _____

5. (*andare al mare*) _____

6. (*ordinare*) _____

7. (*giocare a calcio*) _____

8. (*sciare*) _____

9. (*guardare un film*) _____

10. (*cucinare*) _____

ESERCIZIO F   **Posti da non perdersi!**   Scrivi cosa si visita in ognuna di queste città.

ESEMPIO: New York/Empire State Building
   A New York si visita l'Empire State Building.

1. Boston /Copley Square

   _____

2. Firenze/gli Uffizi

   _____

3. Roma/il Colosseo

   _____

4. Londra/ Westminster Abbey

   _____

5. Parigi/ il Louvre

   _____

6. Washington/la Casa Bianca

   _____

7. Napoli/il Palazzo Reale

   _____

8. Milano/il Duomo

   _____

9. Veneza/il Palazzo del Doge

   _____

10. Assisi/le chiese

    _____

2. Conversational Use of *si*

In colloquial speech **si** is used to mean **noi**.

ESEMPI: **Si cena alle otto.**   _We are dining at eight._
          Non si dicono queste cose.   _We don't say these things._
          Si va a scuola presto la mattina.   _We go to school early in the morning._

ESERCIZIO G   **Ci si diverte!**   Cosa si fa generalmente ad una festa di compleanno?

ESEMPIO: (*aprire regali*)   **Si aprono i regali**

1. (*cantare*)   _____

2. (*ballare*)   _____

3. (*mangiare la torta*) _____

4. (*fare auguri*)   _____

5. (*salutare*)   _____

6. (*chiacchierare*)   _____

7. (*giocare*)   _____

ESERCIZIO H   **Le vacanze.**   Tu e tuo cugino Pietro parlate delle vacanze estive annuali. Lui conferma le vostre abitudini.

ESEMPIO: TU: Noi andiamo ogni anno a Cape Cod.
          PIETRO: **È vero, si va ogni anno a Cape Cod.**

1. TU: Facciamo una grande colazione ogni mattina.

   PIETRO: _____

2. TU: Ci prepariamo per andare al mare.

   PIETRO: _____

3. TU: Riordiniamo la casa.

   PIETRO: _____

4. TU: Mettiamo le sedie a sdraio e l'ombrellone in macchina.

   PIETRO: _____

5. TU: Nuotiamo tutto il giorno.

   PIETRO: _____

6. TU: Prendiamo il sole.

   PIETRO: _____

7. TU: Andiamo in barca.

   PIETRO: _____

8. TU: Ceniamo al fresco.

   PIETRO: _____

9. TU: Alcune sere andiamo al cinema.

   PIETRO: _____

10. TU: Dopo il cinema mangiamo un gelato.

   PIETRO: _____

| ESERCIZIO I | **Fare attenzione!**   While traveling through Italy you read a lot of different signs. Translate these popular ones. |

ESEMPIO: | SI PARLA A VOCE BASSA | **One must speak in a low voice.**

1. | NON SI DÀ DA MANGIARE AGLI ANIMALI |

_____

2. | NON SI SPINGE |

_____

3. | SI MANTIENE LA DESTRA |

_____

4. | NON SI GETTANO OGGETTI DAL FINESTRINO |

_____

5. | SI PREGA DI LASCIARE LIBERA L'ENTRATA |

_____

6. | NON SI PARLA AL CONDUCENTE |

_____

7. | SI PAGA ALLA CASSA |

_____

8. | NON CI SI APPOGGIA ALLA PORTA |

_____

| ESERCIZIO J | **Vita scolastica.**   In attesa di un soggiorno di ragazzi italiani alla vostra scuola, scrivi sette regole da seguire. |

ESEMPIO: Non si arriva in classe tardi.

1. _____
2. _____
3. _____
4. _____
5. _____
6. _____
7. _____

ESERCIZIO K   **In viaggio**   Il seguente è un elenco di attività relative alla preparazione di una vacanza. Cambia queste frasi dal presente al passato.

ESEMPIO: Si naviga l'Internet.   **Si è navigato l'Internet.**

1. Si sceglie una destinazine.   _____
2. Si fanno le prenotazioni.   _____
3. Si paga il biglietto.   _____
4. Si preparano le valigie.   _____
5. Si va all'aeroporto.   _____
6. Si viaggia in aereo.   _____
7. Si arriva a destinazione.   _____
8. Si prende un taxi.   _____
9. Si va in albergo.   _____
10. Ci si rilassa.   _____

CHAPTER 13
Comparatives and Superlatives

Comparatives and superlatives express equality and inequality between people, things and ideas.

1. Comparison of Equality

a. When comparing two qualities of same value the following expressions are used.

> (tanto) → adjective or adverb → quanto
> (così) → adjective or adverb → come
> } *as . . . as (like)*

ESEMPI: **Gli stivali sono *tanto* cari *quanto* le scarpe.**
The boots are as expensive as the shoes.

Carolina è *così* generosa *come* sua sorella.
Caroline is as generous as her sister.

NOTE: Both expressions can be used interchangeably and in most cases *così* and *tanto* are omitted.

ESEMPI: **Questo libro è interessante *quanto* quello.**
This book is as interesting as that one.

Marta nuota bene *come* Andrea.
Marta swims as well as Andrea.

ESERCIZIO A **Questo o quello per me pari sono.** Paragona le seguenti cose o persone dicendo che hanno le stesse qualità.

ESEMPIO: Michela e Rosella/tranquillo **Michela è (così) tranquilla come Rosella.**

1. Maggio e ottobre/lungo _____

2. La vespa e la motocicletta/veloce _____

3. Il caffellatte e il cappuccino/buono _____

4. Le rose e le margherite/romantico _____

5. L'inchiostro e il carbone/nero _____

6. I cani e i gatti/affettuosi _____

7. Mio fratello e mio cugino/simpatico _____

8. Fellini e DeSica/bravo _____

9. La penna e la matita/utile _____

10. I ravioli e le lasagne/delizioso _____

> **b.** The same expression is used when comparing equal amounts of items. In this case both *tanto* and *quanto* agree in gender and number with the noun. However, they remain unchanged if there is an article that precedes the noun or if they act as an adverb.

> | tanto → noun → quanto   *as much, as many . . . as* |
> | --- |

> ESEMPI: **Ho comprato** *tanta* **carne** *quanto* **pesce.** *I bought as much meat as fish.*
> **Mi piace** *tanto* **la pasta** *quanto* **il riso.** *I like pasta as much as rice.*
> **Ha lavorato** (*tanto*) *quanto* **me.** *He worked as much as I did.*

ESERCIZIO B	**Cosa manca?** Completa le seguenti frasi con il comparativo di eguaglianza.

ESEMPIO: Marco ha **tante** penne **quante** matite.

1. In Italia ho visitato _____ chiese _____ musei.

2. Al ristorante ordiniamo _____ pizze _____ calzoni.

3. Mi piace _____ lo sport _____ la musica.

4. Loredana spende _____ me.

5. In aula ci sono _____ banchi _____ studenti.

6. Marco ha vinto _____ corse _____ suo fratello.

7. Io leggo _____ Maria.

8. Noi mangiamo _____ verdura _____ frutta.

9. Ho viaggiato _____ in Italia _____ in Spagna.

10. Per la ricerca uso _____ i libri _____ l'Internet.

2. Comparison of Inequality

When comparing two items with different qualities (greater or lesser), or two different qualities of the same item, the following expressions are used.

adjective	more	less
caro	**più caro**	**meno caro**
expensive	*more expensive*	*less expensive*

a. *Di* (*del, della, dell', dei, degli, delle*) follows the adjective when you are comparing two people or items. It is also used before a number.

ESEMPI: **Enrico è *più* artistico *di* Marcello.**
Enrico is more artistic than Marcello.

Le banane sono *meno* care *dell'*uva.
Bananas are less expensive than grapes.

Il festival include *più di* dieci film.
The festival includes more than ten movies.

b. *Che* follows the adjective when comparing two qualities of the same thing or person.

ESEMPI: **Lei è *più* timida *che* arrogante.**
She is more shy than (she is) arrogant.

L'automobile è *meno* spaziosa *che* veloce.
The car is less spacious then (it is) fast.

ESERCIZIO C   Fra amici   Mentre Carletto e Luigino giocano insieme, loro litigano sulle qualità dei loro giocattoli. Prendi la parte di Luigino.

ESEMPIO: CARLETTO: Il mio trenino è lungo   LUIGINO: **Il mio è più lungo!**

1. CARLETTO: Le mie macchinette sono veloci!   LUIGINO: _____
2. CARLETTO: Le mie biglie sono colorate!   LUIGINO: _____
3. CARLETTO: La mia corda è lunga!   LUIGINO: _____
4. CARLETTO: Il mio secchiello è nuovo!   LUIGINO: _____
5. CARLETTO: I miei soldatini sono belli!   LUIGINO: _____
6. CARLETTO: Le mie carte sono lucide!   LUIGINO: _____
7. CARLETTO: Il mio triciclo è veloce!   LUIGINO: _____
8. CARLETTO: Il mio pallone è grande!   LUIGINO: _____
9. CARLETTO: Il mio orsacchiotto è soffice!   LUIGINO: _____
10. CARLETTO: Le mie figurine sono forti!   LUIGINO: _____

ESERCIZIO D   Gli Stati Uniti   Durante una lezione di geografia americana due studenti si divertono a stuzzicarsi. Prima completa ogni frase poi scambia le parti con un compagno.

ESEMPIO: (*freddo*) L'Alaska e la California
STUDENTE 1: **L'Alaska è più fredda della California.**
STUDENTE 2: **Si sa che la California è meno fredda dell'Alaska!**

1. (*piccolo*)   Il Rhode Island e il Maine

     STUDENTE 1: _____

     STUDENTE 2: _____

2. (*caldo*)   Miami e New York

     STUDENTE 1: _____

     STUDENTE 2: _____

3. (*arido*)   Las Vegas e Seattle

     STUDENTE 1: _____

     STUDENTE 2: _____

4. (*nevoso*)   Il Minnesota e la Georgia

     STUDENTE 1: _____

     STUDENTE 2: _____

5. (*industriale*)   Detroit e Atlantic City

     STUDENTE 1: _____

     STUDENTE 2: _____

6. (*grande*)   Il Texas e il Delaware

     STUDENTE 1: _____

     STUDENTE 2: _____

7. (*rumoroso*)   Washington DC e Savannah

     STUDENTE 1: _____

     STUDENTE 2: _____

8. (*agricolo*)   L' Iowa e il New Hampshire

     STUDENTE 1: _____

     STUDENTE 2: _____

9. (*famoso*)   Hollywood e Pensacola

     STUDENTE 1: _____

     STUDENTE 2: _____

10. (*turistico*)   Orlando e Trenton

     STUDENTE 1: _____

     STUDENTE 2: _____

ESERCIZIO E **Diamo un'occhiata** Gianna e Gina sono gemelle e condividono la stessa camera e lo stesso armadio. Usando i comparativi **più** (+) o **meno** (−) fa un inventario del loro guardaroba.

ESEMPIO: + scarpe   Gina ha **più** scarpe **di** Gianna.
          − scarpe   Gina ha **meno** scarpe **di** Gianna.

1. + borse _____

2. − cappelli _____

3. − stivali _____

4. + gonne _____

5. + giacche _____

6. − maglioni _____

7. − sandali _____

8. + gioielli _____

9. − pantaloni _____

10. + camicie _____

ESERCIZIO F Leggi bene i seguenti paragoni e decidi se la seconda parte è "di" oppure "che."

ESEMPIO: L'estate è più calda **che** piovosa.
          L'estate è più calda **della** primavera.

1. Angela è più artistica _____ sportiva.

2. Mio fratello fa meno sport _____ me.

3. Il salotto è meno grande _____ cucina.

4. L'Italia ha più colline _____ pianure.

5. Sulla tavola ci sono più piatti _____ bicchieri.

6. Dicembre è più freddo _____ ottobre.

7. Io ho più penne _____ matite.

8. Giuliana è più generosa _____ cugina.

9. Al museo abbiamo visto più quadri _____ statue.

10. Secondo me il football è meno interessante _____ baseball.

| ESERCIZIO G | **Facendo paragoni** Guarda le seguenti foto e paragona le illustrazioni coni propri aggettivi. |

Esempio:

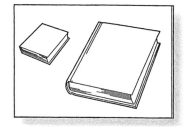

Il libro è più leggero del dizionario.
(*The book is lighter than the dictionary.*)

1. _____

2. _____

3. _____

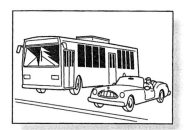

4. _____

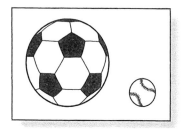

5. _____

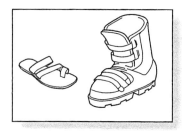

6. _____

7. _____

8. _____

9. _____

10. _____

3.   Irregular Comparative Adverbs

Several adverbs have irregular comparative forms.

Adverb	Comparative	
bene	meglio	_well/better_
male	peggio	_bad/worse_
molto	di più	_a lot/more_
poco	di meno	_a little/less_

ESERCIZIO H   **Ascolta bene!**   Ecco alcuni buoni consigli. Riscrivere le frasi cambiando l'avverbio.

Esempio: Prima di comprare è bene controllare i prezzi.
            Prima di comprare è _meglio_ **controllare i prezzi.**

1. Per avere successo oggigiorno è bene andare all'università!

_____

2. Sai che gli studenti di lingua capiscono molto le culture straniere?

_____

3. È sempre bene mangiare tanta frutta e verdura!

_____

4. Per avere migliori voti studia molto!

_____

5. Prima di conoscere a fondo le persone parla poco e ascolta!

_____

6. Quando sei raffreddato e non dormi abbastanza ti senti male!

_____

7. Chi spende poco risparmia!

_____

8. Stai attento! Di notte si può guidare male a causa del buio!

_____

9. Quando sei in vacanza è bene telefonare spesso ai tuoi genitori.

_____

10. Per perdere peso, bisogna mangiare poco.

_____

11. Senza gli uricolari, mio padre sente male.

_____

12. Per salvare l'ambiente, bisogna riciclare molto.

_____

| ESERCIZIO I | Parla di te! Pensa a quello che fai e paragonati a qualcuno che conosci.

ESEMPIO: (_better_)   **Gioco a tennis _meglio_ di mio fratello.**

1. (_better_) _____

2. (_worst_) _____

3. (_more_) _____

4. (_less_) _____

4. Superlatives in -*ISSIMO*

a. -*issimo* forms a superlative and is added at the end of an adjective after dropping the last vowel. It intensifies the meaning and it is comparable to the English *very* or *extremely*. It replaces *molto* from the front of the adjectives. It agrees in gender and number with the adjective it modifies.

ESEMPI: **Il ragazzo è** *molto* **bravo. = Il ragazzo è brav***issimo***.**
The boy is very good.

Lei ha i capelli *molto* **biondi. = Lei ha i capelli biond***issimi***.**
She has very blond hair.

L'attesa è *molto* **lunga. = L'attesa è lungh***issima***.**
The wait is extremely long.

Le scarpe sono *molto* **grandi. = Le scarpe sono grand***issime***.**
The shoes are very big.

NOTE: Adjectives ending in -*co* and -*go* follow the same spelling changes as nouns (see Chapter 5).

b. -*issimo* can also be added to an adverb. Adverbs that end in -*mente* add the -*mente* to the feminine form of -*issimo*.

ESEMPI: **Marco ha studiato** *moltissimo* **per l'esame.**
Marco studies a lot for the exam.

Francesca veste sempre *benissimo*.
Francesca dresses always very well.

Ha parlato *velocissimamente*.
He spoke very fast.

Si salutano *affettuosissimamente* **ogni volta.**
They greet each other very affectionately every time.

ESERCIZIO J **La moda italiana** Mentre fai spese nel grande magazzino *La Rinascente*, tu commenti sugli articoli che vedi. Completa ogni frase.

ESEMPIO: Questo cappotto è bello, anzi è **bellissimo**!

1. Questi guanti sono caldi, anzi _____ !

2. Questa giacca è comoda, anzi _____ !

3. Queste scarpe sono eleganti, anzi _____ !

4. Questo foulard è trasparente, anzi _____ !

5. Questa borsa è ampia, anzi _____ !

6. Questa sciarpa è lunga, anzi _____ !

7. Questo cappello è buffo, anzi _____ !

8. Queste magliette sono strette, anzi _____ !

9. Questi pantaloni sono pratici, anzi _____ !

10. Queste camicie sono care, anzi _____ !

ESERCIZIO K | **Fra studenti.** Due studenti hanno una discussione riguardo la scuola ed ecco cosa ne pensano. Fai le veci del secondo studente e poi simula i commenti con un tuo compagno.

ESEMPIO: STUDENTE 1: Le lezioni sono impegnative.
STUDENTE 2: **Certo! Le lezioni sono** *impegnatissime.*

1. STUDENTE 1: I professori sono esigenti.

   STUDENTE 2: _____

2. STUDENTE 1: Le aule sono comode.

   STUDENTE 2: _____

3. STUDENTE 1: L'anno scolastico è lungo.

   STUDENTE 2: _____

4. STUDENTE 1: Gli esami sono difficili.

   STUDENTE 2: _____

5. STUDENTE 1: Le gite sono divertenti.

   STUDENTE 2: _____

6. STUDENTE 1: I compiti sono faticosi.

   STUDENTE 2: _____

7. STUDENTE 1: Il laboratorio è interessante.

   STUDENTE 2: _____

8. STUDENTE 1: La mensa è affollata.

   STUDENTE 2: _____

9. STUDENTE 1: Il personale è gentile.

   STUDENTE 2: _____

10. STUDENTE 1:   Le strutture sono moderne.

STUDENTE 2:   _____

ESERCIZIO L   **Secondo me**   Pensa a persone o cose che secondo te sono il massimo!

ESEMPIO: Una nazione molto grande   **La Cina è grandissima**

1. Un programma televisivo popolare   _____

2. Un cibo squisito   _____

3. Una materia facile   _____

4. Un film pauroso   _____

5. Uno sport noioso   _____

6. Un/a cantante popolare   _____

7. Una persona ricca   _____

8. Un'automobile cara   _____

9. Un monumento famoso   _____

10. Una città interessante   _____

11. Un personaggio ben conosciuto   _____

12. Una canzone romantica   _____

13. Un attore buffo   _____

14. Un amore tragico   _____

15. Un libro lungo   _____

5.   Regular Superlatives

In the superlative form *più* and *meno* follow the definite article.

adjective	most	least
caro *expensive*	**il più caro** *the most expensive*	**il meno caro** *the least expensive*

ESEMPI: **Questa è la più bella scuola.**
Questo ristorante è il meno costoso.

a. Superlatives agree in gender and number with the noun they modify.

b. When the superlative comes after the noun, the article is not repeated.

> ESEMPI: **il ritratto più bello**   *the most beautiful portrait*
> **l'automobile meno cara**   *the least expensive car*

c. When there is a superlative in the main clause, the subjunctive is used in the dependent clause.

> ESEMPI: **È il museo più interessante che io abbia visto.**
> *It is the most interesting museum that I have seen.*
>
> **È la persona meno arrogante che tu conosca.**
> *He is the least arrogant person that you know.*

ESERCIZIO M   **Decidi tu!**   Completa le seguenti frasi con la tua opinione.

ESEMPIO: La stagione più bella   **L'estate è la più bella stagione**

1. La materia scolastica meno difficile _____
2. Il libro più interessante _____
3. Il film più pauroso _____
4. La cucina più popolare _____
5. La verdura meno piacevole _____
6. L'oceano più grande _____
7. La canzone più romantica _____
8. Il mezzo di trasporto meno caro _____
9. La festa più celebrata _____
10. Lo sport meno faticoso _____

ESERCIZIO N   **Il non plus ultra.**   Chiara sta commentando sulla cultura italiana e fa i seguenti paragoni andando dal semplice aggettivo al superlativo.

ESEMPIO: Delle città storiche, Ercolano è antica. (Pompei e Roma)
Delle città storiche, Ercolano è antica, Pompei è più antica e Roma è la più antica.

1. A mio gusto la pizza è deliziosa. (gli gnocchi e le lasagne)

2. Delle automobili la Maserati è veloce. (la Lamborghini e la Ferrari)

_____

3. A Roma la chiesa di San Giovanni è grande. (Santa Maria Maggiore e San Pietro)

_____

4. Dei registi Rossellini è famoso. (DeSica e Fellini)

_____

5. In Italia Napoli è popolata. (Milano e Roma)

_____

6. Sulle Alpi il Cervino è alto (il Monte Rosa e il Monte Bianco)

_____

7. Il lago di Como è ampio. (Lago Maggiore e Lago di Garda)

_____

8. Il fiume Arno è lungo. (Il Tevere e il Po)

_____

9. Donizzetti è un compositore conosciuto. (Rossini e Verdi)

_____

10. Il tiramisù è cremoso. (La panna cotta e il gelato)

_____

6. Irregular Comparatives and Superlatives

The following adjectives have an irregular comparative and superlative.

Adjective	Comparative	Superlative	Absolute Superlative	
cattivo	peggiore	il peggiore	pessimo	_bad/worse/worst_
buono	migliore	il migliore	ottimo	_good/better/best_
grande	maggiore	il maggiore	massimo	_big/bigger/biggest_
piccolo	minore	il minore	minimo	_small/smaller/ smallest_

NOTE: **Maggiore** (_older_) and **minore** (_younger_) also refer to age.

Esempi: C'è una grande scelta di formaggi italiani. Secondo me:

il provolone è **buono**
la mozzarella è **migliore**
il gorgonzola è **il migliore**
il parmigiano è **ottimo**

| ESERCIZIO O | **Al contrario** Parlando di questo o quello, dai l'opinione opposta.

Esempio: Pierino è il fratello minore   **Pierino è il fratello *maggiore*.**

1. È il peggiore ristorante della città.   _____

2. Carlo fa sempre il minimo per gli altri.   _____

3. Sento un cattivo odore!   _____

4. È il migliore attore in TV.   _____

5. Perdere l'autobus è un grande problema.   _____

| ESERCIZIO P | **Tocca a te decidere!** Scrivilo in italiano.

Esempio: The largest city in the United States
La più grande città degli Stati Uniti è New York.

1. The tallest building in your city

_____

2. The best Italian restaurant

_____

3. The worst American actor

_____

4. The easiest class

_____

5. The funniest comedian

_____

6. The most interesting book

_____

7. The best day of the week

_____

8. The most fun holiday

_____

9. The most recognized monument in the USA

_____

10. The shortest month

_____

11. The best American football team

_____

12. The most delicious ice cream flavor

_____

13. The largest state in the USA

_____

14. The oldest person in your school

_____

15. The youngest person in class

_____

16. The most popular song

_____

17. The newest movie

_____

18. The least expensive way to travel

_____

19. The best vacation you've had

_____

20. The worst lunch in cafeteria

_____

CHAPTER 14
More Pronouns

1.   Relative Pronouns

Relative pronouns are used to join two sentences (clauses) together. The relative pronoun introduces a clause that refers to something or someone mentioned in the main clause. The person or thing the pronoun refers to is called the *antecedent*.

a. The relative pronoun is never omitted in Italian as it may be in English.

ESEMPIO: **Ho comprato una macchina.**   **La macchina è piccola e veloce.**

I bought a car.   *The car is compact and fast.*

(Sentence 1)   (Sentence 2)

Ho comprato *una macchina che* è piccola e veloce.

(main clause)   ↓   ↓

antecedent   ↓

relative pronoun

The four basic relative pronouns are: **che, cui, chi, quello che.** (There are many others that can substitute for these four pronouns.)

b. Che (*who, whom, that, which*) is invariable, and it refers to both people and things. When there is an antecedent in the main clause, the relative pronoun **che** must be used.

ESEMPI: **Il ragazzo che arriverà più tardi è mio fratello.**   *The boy who will arrive later is my brother.*

Laura studia le materie che le piacciono.   *Laura studies the subjects (that) she likes.*

| ESERCIZIO A | **Metti insieme.**   Scrivi una sola frase usando il pronome relativo. |

ESEMPIO: Il libro è interessante. Io sto leggendo il libro.

Il libro che sto leggendo è interessante.

1. La ragazza è Sabrina. Lei è seduta dietro di me.

   La ragazza che è seduta dietro di me è sabrina

2. La signora è stanca. Lei lavora all'ufficio.

   La signora che lavora all uffueio è sfenca

3. Io faccio i lavori. Mia madre mi assegna i lavori.

   Faccio i lavori che mia madu mi assegna

4. Papà spedisce le lettere. Lui ha scritto le lettere.

le lettere che papà spedisce lui ha scritto

5. Mi piacciono i vestiti. Tu hai scelto i vestiti.

I vestiti che hai scelto mi piacciono

6. Il film mi piace. Ho visto il film ieri sera.

Il film che mi piace ho visto ieri sera

7. Ho studiato per l'esame. Ho un esame domani.

L'esame che ho domani ho studiato

8. In vacanza porto la macchina fotografica. Tu mi hai regalato la macchina fotografica.

la macchina che porto in vacanza mi hai regalato

9. Marco gioca con il cellulare. Lui ha appena comprato un cellulare.

il cellulare che Marco ha appena comprato lui gioca con

10. Il caffè è amaro. Tu hai bevuto il caffè.

I caffè che è amara hai bevuto il caffè

ESERCIZIO B   **A Casa**   Scrivi una frase che include le informazioni date ed il pronome relativo.

ESEMPIO: La toilette/il bagno
La stanza che ha il toilet è il bagno.

1. Il letto/la camera da letto

   La stanza _____

2. Il divano/il salotto

   La stanza _____

3. Il frigorifero/la cucina

   La stanza _____

4. Le cose vecchie/la soffitta

   La stanza _____

5. Un grande tavolo/la sala da pranzo

   La stanza _____

6. Molti scaffali/il ripostiglio

   La stanza _____

7. Un gran televisore/il soggiorno

   La stanza _____

8. Le provviste/la cantina

   La stanza _____

9. La libreria/lo studio

   La stanza _____

| ESERCIZIO C | **Paragone** Traduci queste frasi in inglese esaminando attentamente l'uso del pronome relativo nelle le due lingue. |

ESEMPIO: **Rosalba ha finito il lavoro che aveva.**
Rosalba finished the work she had.

1. Vorrei leggere tutti i libri che vedo. _____

2. Mi piace leggere le storie che scrivono
   gli studenti. _____

3. Io canto le canzoni che so. _____

4. I ragazzi fanno gli sport che amano. _____

5. Ho comprato il computer che mi
   è piaciuto. _____

6. La ragazza che ha chiamato era Susanna. _____

7. La lettera che hai ricevuto viene dai
   tuoi nonni. _____

8. La borsa che ho comprato è importata. _____

9. Il ristorante che mi hai suggerito era
   ottimo. _____

10. Avrei voluto vedere il film che è appena
    uscito. _____

    c. **Cui** also means *who, whom, that, which*. It is used when the relative clause is introduced by a preposition. It is invariable, and it refers to both people and things. As with **che**, it requires an antecedent in the main clause.

ESEMPI: **Il ragazzo *con* cui esco è Giorgio.** *The young man with whom I am going out is Giorgio.*

Questo è il negozio *in* cui ho comprato la borsa. *This is the store where I bought the pocketbook.*

d. **Il cui, la cui, i cui, le cui** (*whose*)

When **cui** is preceded by a definite article, it expresses possession. The article agrees with the noun that follows **cui**.

ESEMPI: **Questo è il signore *la* cui *figlia* è una mia studentessa.**

This is the man whose daughter is my student.

Ecco la casa *il* cui *tetto* è viola.

Here is the house whose roof is purple.

ESERCIZIO D   Pratica   Completa ogni frase con una forma relativa indicata in parentesi.

ESEMPIO: Questa è la casa **in cui** ha vissuto mia madre. (*in which*)

1. Il piatto ___la cui___ servo il caffè è un vassoio. (*on which*)

2. La signora ___il cui___ scrivo spesso è una cara amica. (*to whom*)

3. Il problema ___mi cui___ ti parlo è una cosa seria per me. (*about which*)

4. Gli studenti ___dei cui___ ho preparato l'esame sono del liceo. (*for whom*)

5. Le ragazze ___cui___ viaggio spesso sono molto simpatiche. (*with whom*)

6. Il negozio ___con___ vengo aveva molti articoli in saldo. (*from which*)

7. Le persone ___cui___ sono seduto parlano troppo. (*between whom*)

8. La scuola ___in cui___ insegno è molto grande. (*in which*)

9. La piazza ___cui___ passo ogni giorno è sempre affollata. (*by which*)

10. Questi sono i videogiochi ___di cui___ ti ho parlato. (*about which*)

ESERCIZIO E   **Di chi sono?**   Metti insieme le due frasi usando i pronomi **il cui, la cui, i cui, le cui**.

ESEMPIO: Ecco il giardino. I suoi fiori sono molto belli.
Ecco il giardino *i cui* fiori sono molto belli.

1. Ecco la squadra. I giocatori sono bravissimi. _____

2. Ecco il CD. Noi vogliamo ascoltare
le canzoni. _____

3. Ecco lo spettacolo. Voi conoscete gli attori. _____

4. Ecco il film. Voi volete guardare le scene. _____

5. Ecco il ragazzo. Tu vuoi comprare la sua macchina. _____

6. Ecco il negozio. Camilla vuole vedere gli articoli. _____

7. Ecco lo zaino. Ti piace la sua marca. _____

8. Ecco la signora. I suoi figli sono miei amici. _____

9. Ecco la ragazza. Io vorrei sapere il suo nome. _____

10. Ecco il cane. Tu hai conosciuto il suo padrone. _____

ESERCIZIO F **Distinzione** Completa il seguente paragrafo usando il pronome **che** o **cui**.

Marco è l'amico con _____ vado al campeggio ogni anno. Ci iscriviamo insieme, viaggiamo
1.

insieme, e quando arriviamo ci sistemiamo nella stessa camera. Ogni giorno partecipiamo alle

attività _____ piacciono a tutti e due. Abbiamo gli stessi interessi _____ ci legano. A
2.   3.

volte io faccio lo sci acquatico, che non piace a Marco, allora scelgo un partner a _____
4.

piace questo sport. Ci sono molti altri ragazzi la _____ conoscenza abbiamo fatto negli
5.

anni precedenti, e con _____ ci divertiamo molto, ma alla fine noi due siamo inseparabili.
6.

La cosa _____ apprezziamo di più è essere con una persona con _____ si è comodi e
7.   8.

davanti a _____ non bisogna fare sforzi per mantenere una conversazione. Il campeggio
9.

estivo è un'esperienza _____ ricorderò sempre con piacere.
10.

ESERCIZIO G **Descrizioni.** Dai una descrizione dettagliata di ogni vocabolo usando almeno un pronome relativo in ogni frase.

ESEMPIO: Che cos'è uno zaino?

Un tipo di borsa *che* si porta sulla schiena, ed *in cui* si mettono oggetti personali.

1. Che cos'è una valigia?

   Una cosa che si porta alla valeerza

2. Che cos'è un biglietto?

   Una fogluato conta che si usa perendne sul treno

3. Che cos'è una squadra?

   _____

4. Che cos'è un divano?

   Una cosa che si siedita sul

5. Che cos'è una bottiglia?

   _____

6. Che cos'è un armadietto?

   Una tipo di mobili che si mette vestito

7. Che cos'è un tiretto?

   _____

8. Che cos'è una cartella?

   _____

9. Che cos'è una patente?

   _____

10. Che cos'è un portafoglio?

    Una cosa che si usa per avere un (soleti)

   e. Il quale, la quale, i quali, le quali can replace the relative pronoun **cui** in order to avoid ambiguity since the definite article agrees in gender and number with the antecedent.

   ESEMPI: *Il ragazzo* con *cui* parlo è simpatico.
   Il ragazzo con *il quale* parlo è simpatico.

   I ragazzi con *cui* gioco a calcio sono bravi.
   I ragazzi con *i quali* gioco a calcio sono bravi.

   La casa in *cui* abito è grigia.
   La casa *nella quale* abito è grigia.

   Le riviste di cui parlo sono moderne.
   Le riviste *delle quali* parlo sono moderne.

ESERCIZIO H   Un'altro modo di dire.   Sostituisci il pronome relativo **cui** con la forma corretta di **quale**.

ESEMPIO: Il mese in cui comincia la scuola è settembre.
  Il mese *nel quale* comincia la scuola è settembre.

1. Il mese in cui comincia l'anno nuovo è gennaio.

   _____

2. La stagione in cui vado al mare è l'estate.

   _____

3. I giorni in cui non vado a scuola sono sabato e domenca.

   _____

4. Il giorno con cui comincia la settimana in Italia è lunedì.

   _____

5. Il pranzo è la ragione per cui tutti i negozi sono chiusi durante il primo pomeriggio in Italia.

   _____

6. Le feste di cui le persone si ricordano la data sono poche.

   _____

7. Ferragosto è il giorno in cui molti italiani fanno scampagnate.

   _____

8. La settimana in cui gli italiani vanno a sciare è chiamata "la settimana bianca".

   _____

9. Il giono in cui si festeggia la Pasqua è sempre domenica.

   _____

10. "Il ponte" è un giorno lavorativo che cade fra due giorni festivi e diventa festivo anch'esso.

    _____

f. Chi   (*he who, those who*)
   Quello che (ciò che)   (*that which, what*)

   Chi and **quello che** are used when there is no antecedent in the main clause. **Quello che** is used for objects or ideas. **Chi** is used for people, and it is often found in proverbs.

ESEMPIO: **Chi studia riceve buoni voti.**   *He who studies receives good grades.*
Io dico quello che (ciò che) penso.   *I say what I think.*

ESERCIZIO I   **In inglese.**   Questi sono proverbi italiani. Trova gli equivalenti in inglese.

ESEMPIO: **Si salvi chi può.**   *Every man for himself.*

1. Chi va piano, va sano e va lontano.   _____

2. Chi trova un amico, trova un tesoro.   _____

3. Chi tardi arriva, male alloggia.   _____

4. Chi cerca, trova.   _____

5. Ride bene chi ride ultimo.   _____

6. Dimmi con chi vai e ti dirò chi sei.   _____

ESERCIZIO J   **Ancora in Inglese**   Traduci queste frasi in inglese.

1. Le ragazze comprano quello che possono.   _____

2. Io mangio quello che mia madre cucina.   _____

3. Quello che desidero è di essere indipendente.   _____

4. Puoi fare quello che vuoi.   _____

5. Dicono quello che pensano.   _____

6. Non fare quello che faccio io.   _____

g. Rivediamo tutti i pronomi relativi insieme.

With antecedent	
cui che	} *who, whom, that, which*
Without antecedent	
chi	*he who, those who*
quello che (ciò che)	*what, that which*

ESERCIZIO K   **Quale pronome?**   Completa le seguenti frasi con un pronome relativo.
(che, cui, chi, quello che)

ESEMPIO: Guardiamo **quello che** c'è in televisione stasera.

1. Non so __quelloche__ farò da grande.

2. __Chi__ ama leggere si diverte.

3. Il film __cui__ ho visto questa fine settimana era bellissimo.

4. Non credo a tutto __che__ dice Carlo.

5. Il ristorante in __cui__ abbiamo cenato era ottimo.

6. I giovani fanno tutto __che__ vogliono.

7. Io ho il libro di __cui__ tu hai bisogno.

8. Questa è la macchina __che__ ho appena comprato.

9. L'amica con __cui__ sono a mio agio è Caterina.

10. La signora __cui__ abbiamo incontrato è americana.

11. La festa a __quelloche__ ti ho invitato è per il mio compleanno.

12. __Chi__ i ragazzi preferiscono fare è giocare.

13. Chi è la persona con __cui__ tu parlavi?

14. Indosso solo __chi__ che è di moda.

15. Non è serio __chi__ arriva sempre tardi in classe.

16. Lei ha rovinato la maglia __cui__ le ho regalato.

17. Abbiamo fatto __quello che__ abbiamo promesso di fare.

18. Esco solo con __croe__ conosco.

19. Ricicliamo le bottiglie __che__ usiamo.

20. Ricordo bene __chi__ tu mi hai detto l'anno scorso.

ESERCIZIO L   **Tocca a te!**   Traduci queste frasi in italiano.

1. What I want to do now is sing.

_____

2. The restaurant where we made a reservation is in the city.

_____

3. The woman who came to the party with Davide is Rose.

_____

4. He who has a schedule will follow it.

   _____

5. Mrs. Shapiro is the secretary whose office is on the first floor.

   _____

6. Filippo is the person with whom I came to school this morning.

   _____

7. I don't know what you said.

   _____

8. The city you are talking about is Naples.

   _____

9. The person for whom I bought this gift is my grandmother.

   _____

10. What you understood is wrong.

   _____

2.   Indefinite Pronouns

Indefinite pronouns are used to indicate quantity without referring to a particular person or object.

a. Alcuni, alcune   (_some, a few_)   are used in front of plural nouns as an adjective, or to replace plural nouns as a pronoun.

Alcuni ragazzi amano lo sport.   _Some boys love sports._

Alcune ragazze amano lo sport.   _Some girls love sports._

Hai molti libri nello zaino? No, ne ho solo alcuni.

Do you have many books in your backpack? No, I only have a few.

Molti studenti sono andati in gita. Alcuni sono rimasti in classe.

Many students are gone on a trip. A few stayed in class.

b. Qualcuno, qualcuna   (_someone, some_)

Qualcuno ha suonato il campanello.   _Someone rang the door bell._

Conosci le canzoni dei Beatles? Sì, ne conosco qualcuna.

Do you know the Beatles' songs? Yes, I know some of them.

c. **Qualcosa** (*something*)

Qualcosa di + adjective

Mi succede spesso qualcosa di buono.

Something good often happens to me.

Qualcosa da + infinitive

Ho qualcosa da dire. *I have something to say.*

d. **Ognuno** (*each one, everyone*)

Ognuno deve fare quello che crede giusto.

Each one has to do what is right for him/her.

e. **Tutto** (*everything*)

Ho visitato il museo, ed ho visto tutto. *I visited the museum, and I saw everything.*

f. **Tutti, tutte** (*everyone, all*) are used in front of plural nouns as an adjective, or to replace plural nouns as a pronoun.

Hai fatto tutti i compiti? Sì, li ho fatti tutti.

Did you do all your homework? Yes, I did all of it.

Tutti guardano la televisione. *Everyone watches television.*

ESERCIZIO M Cosa manca? Completa ogni frase con uno di questi pronomi.

alcuni	qualcuno	tutto	tutti	qualcosa	ognuno	alcune	qualcuna

ESEMPIO: **Tutti** sono venuti alla festa.

1. Ho perso le foto che ho fatto, me ne restano solo _____ .

2. _____ fotografie sono molto belle, ma altre sono pessime.

3. Ho incontrato _____ che conosceva mio zio.

4. La mamma ha trovato _____ giocattoli di quando ero bambino.

5. Stella ha cucinato _____ il giorno.

6. Francesca vuole comprare _____ che sia utile per il mare.

7. _____ è responsabile per se stesso.

8. Ho comprato i cioccolatini, e li ho mangiati _____ .

ESERCIZIO N Rispondi. Usa frasi complete per rispondere alle seguenti domande.

1. Nella tua scuola c'è qualcuno di cui ti fidi?

2. Che cosa fanno alcuni tuoi amici dopo scuola?

_____

3. Conosci qualcuno che gioca a tennis?

_____

4. Fai qualcosa di bello ogni giorno?

_____

5. Quale giorno hai tutte le tue classi?

_____

6. Hai alcune materie difficili? Quali?

_____

7. In generale, fai tutto quello che devi fare ogni giorno?

_____

8. Che cosa ha ognuno sul banco di solito?

_____

9. Sai il nome di tutti gli studenti nella tua classe d'italiano?

_____

10. C'è qualcosa che ti interessa molto imparare? Cosa?

_____

| ESERCIZIO O | Allo zoo. Sei andato allo zoo, e la tua amica Sara ti chiede cosa hai visto. Rispondi alle sue domande seguendo l'esempio. |

ESEMPIO: SARA: Hai visto gli orsi?
TU: **Ho visto solo alcuni orsi, non li ho visti tutti.**

1. SARA: Hai visto gli elefanti?

   TU: _____

2. SARA: Hai visto le scimmie?

   TU: _____

3. SARA: Hai visto le tigri?

   TU: _____

4. SARA: Hai visto i cammelli?

   TU: _____

5. SARA: Hai visto i pellicani?

   TU: _____

6. SARA: Hai visto le giraffe?

   TU: _____

7. SARA: Hai visto i leoni?

   TU: _____

PER ESPRIMERSI MEGLIO
Espressioni idiomatiche

tutto ad un tratto	*all of a sudden*	**con tutto ciò**	*despite all that*
in tutti i casi	*anyways*	**tutto bene**	*everything is fine*
dopotutto	*after all*	**tutto fatto**	*all done*
anzitutto	*before all*	**soprattutto**	*above all*
tutti e due	*both of us/them*	**tutto qui?**	*Is this all?*

ESERCIZIO P   Usa le espressioni sopra elencate per completare ognuna di queste frasi.

ESEMPIO: Devo assolutamente visitare mia zia quando sono a *Cape Cod*.
Dopotutto è anziana e non sta molto bene.

1. L'altro giorno facevo un esame quando _____ l'allarme del fuoco è suonato.

2. Desidero viaggiare in molti paesi, ma _____ desidero andare in Italia.

3. Come vanno le cose? _____

4. Per il mio compleanno vorrei invitare _____ le mie amiche alla mia casa di campagna.

5. Antonio, fai i compiti! Sorpresa, _____

6. Ho molto da fare, ma _____ devo finire le domande di ammissione all'università.

7. Noi guidiamo sempre con cautela, ma _____ i nostri genitori si preoccupano.

8. IO: Mamma, ho un grandissimo problema, Marina non mi parla più.

   MAMMA: _____ .

CHAPTER 15
The Passive Voice

Verbs in Italian as in English have an active and a passive voice for all tenses and moods. In the active voice, the subject performs the action, in the passive voice, the subject receives the action. The person or thing who performs the action on the verb is called the *agent*. At times the agent is not clearly stated. In Italian, the passive voice is more commonly used than in English.

1. Forming the Passive Voice

a. The passive voice is formed by the verb ESSERE + *the past participle*. As with all verbs conjugated with ESSERE, the past participle agrees with the subject. The agent is often omitted; when the agent is expressed, it is introduced by **da**.

Active voice	La ragazza	legge	il libro.
	(subject)	(verb)	(object)
Passive voice	Il libro	è letto	dalla ragazza.
	(subject)	(verb)	(da + agent)

b. The pronouns **me, te, lui, lei, noi, voi,** and **loro** follow the preposition **da**.

Active voice	Io	leggo	il libro.
	(subject)	(verb)	(object)
Passive voice	Il libro	è letto	da me.
	(subject)	(verb)	(da + agent)

c. The passive voice can be used in all tenses and all moods by simply using the desired tense of ESSERE.

Tense	Active voice	Passive voice
Presente	I giovani mandano messaggini.	I messaggini sono mandati dai giovani.
Imperfetto	I giovani mandavano messaggini.	I messaggini erano mandati dai giovani.
Trapassato	I giovani avevano mandato messaggini.	I messaggini erano stati mandati dai giovani.
Passato Prossimo	I giovani hanno mandato messaggini.	I messaggini sono stati mandati dai giovani.
Futuro	I giovani manderanno messaggini.	I messaggini saranno mandati dai giovani.

Tense *(cont.)*	Active voice *(cont.)*	Passive *(cont.)*
Futuro anteriore	I giovani avranno mandato messaggini.	I messaggini saranno stati mandati dai giovani.
Condizionale	I giovani manderebbero messaggini.	I messaggini sarebbero mandati dai giovani.
Condizionale passato	I giovani avrebbero mandato messaggini.	I messaggini sarebbero stati mandati dai giovani.
Congiuntivo presente	Penso che i giovani mandino messaggin	Penso che i messaggini siano mandati dai giovani.
Congiuntivo passato	Penso che i giovani abbiano mandato I messaggini.	Penso che i messaggini siano stati mandti dai giovani
Congiuntivo imperfetto	Pensavo che i giovani mandassero messaggini.	Pensavo che i messaggini fossero stati mandati dai giovani.
Congiuntivo trapassato	Pensavo che i giovani avessero mandato messaggini.	Pensavo che i messaggini fossero stati mandati dai giovani.

d. The passive voice can also be formed by using the desired tense of the verb VENIRE + *the past participle.*

ESEMPIO: I messaggini **vengono** mandati dai giovani.

2. Uses of the Passive Voice

The passive voice is used to stress the importance of an action or to put emphasis on the object of the action. This structure is mostly used in formal writing and in the media.

ESERCIZIO A | **Organizziamo una festa.** Cambia queste frasi alla forma passiva.

ESEMPIO: Francesca porta la frutta.
La frutta è portata da Francesca.

1. Maria compra le patatine. _____

2. Sabina porta la musica. _____

3. Carlo organizza le attività. _____

4. Gianna invita gli ospiti. _____

5. Io procuro delle sedie. _____

6. Raffaele aquista gli affettati. _____

7. Manuele porta il pane. _____

8. Mia madre offre le bevande. _____

9. Mia nonna manda una torta. _____

10. La mia vicina apparecchia la tavola. _____

| **ESERCIZIO B** | **Il campeggio**   La settimana scorsa sono andato in campeggio con la mia famiglia ed alcuni amici. Ognuno è stato responsabile per qualcosa. Scrivi la forma passiva di ogni frase. |

ESEMPIO: La mamma ha guidato la macchina.
            La macchina è stata guidata da mamma.

1. Mio fratello ha preparato i panini per il viaggio.

_____

2. Mio padre ha sistemato la tenda.

_____

3. Io ho preso la pila tascabile

_____

4. La mia amica Sonia ha portato il sacco a pelo.

_____

5. Mio padre ha acceso il fornello da campeggio.

_____

6. L'impiegato ha assegnato le cabine.

_____

7. Tutti noi abbiamo preparato il cibo per la cena.

_____

| **ESERCIZIO C** | **Orgoglio Italiano**   Usando la forma passiva e le informazioni fornite, scrivi frasi complete. |

ESEMPIO: La gioconda/dipingere/Leonardo da Vinci
            La Gioconda è stata dipinta da Leonardo da Vinci.

1. Il Davide/scolpire/Michelangelo

_____

2. Roma/fondare/Romolo e Remo

_____

3. Il Principe/scrivere/Machiavelli

_____

4. La Primavera/dipingere/Botticelli

_____

5. Il barometro/inventare/Torricelli

_____

6. La cupola del Duomo di Firenze/disegnare/Brunelleschi

_____

7. La cappella degli Scrovegni di Padova/realizzare/Giotto

_____

8. Rigoletto/comporre/Verdi

_____

9. L'America/scoprire/Cristoforo Colombo

_____

10. Il Premio Nobel/vincere/Enrico Fermi nel 1938

_____

| ESERCIZIO D | **Sei pronta?** Tua madre si preoccupa perchè non hai comprato gli articoli che ti servono per andare all'università. Scrivi una frase dicendo quando ogni articolo sarà comprato. |

ESEMPIO: Le lenzuola?

Le lenzuola saranno comprate quando è ora domani mattina.

1. Il forno a microonde? _____

2. Un piccolo frigo? _____

3. Una sedia per la scrivania? _____

4. Un comodino? _____

5. Un piumino per il letto? _____

6. Un televisore? _____

7. Gli asciugamani? _____

8. Le pantofole? _____

9. Una lampada? _____

10. Un accappatoio? _____

| ESERCIZIO E | **Per l'igiene**   Scrivi una frase dicendo per che cosa vengono usati questi oggetti? |

ESEMPIO: Il sapone schiuma

Il sapone schiuma viene usato per fare il bagno.

1. Il rasoio _____.

2. La spazzola _____.

3. Lo spazzolino _____.

4. Il dentifricio _____.

5. Il burro di cacao _____.

6. Il tagliaunghie _____.

7. Lo smalto _____.

8. Il trucco _____.

8. La crema da barba _____.

10. Il balsamo _____.

CHAPTER 16
Progressive Tense

The progressive tense shows an action in progress and it translates to *I am . . . -ing* or *I was . . . -ing*.

1.   Forms and Uses

a. The progressive tense is formed by the present and imperfect forms of STARE and the gerund (*-ing*) of the given verb.

b. The gerund of most verbs is formed as follows:

-are	-ando
-ere	-endo
-ire	-endo

> NOTE: In Italian the gerund can be used by itself; it does not need to be preceded by a conjunction or a preposition as in English.
>
> ESEMPI: **arrivando**   *upon arriving*
> **vedendo**   *on seeing*
> **aprendo**   *while opening*

c. These verbs have irregular gerunds.

bere	→	bevendo	*drinking*
dire	→	dicendo	*saying*
fare	→	facendo	*doing*
produrre	→	producendo	*producing*

d. The progressive tense is interchangeable with the present and imperfect indicative of the verb.

> ESEMPI: **Io *parlo* al telefono. = Io *sto parlando* al telefono.**
> *I am speaking on the phone.*
>
> **Paolo *dormiva* ancora. = Paolo *stava* ancora *dormendo*.**
> *Paolo was still sleeping.*

e. Direct, indirect, reflexive pronouns, **ci** and **ne** are placed either before STARE or they are attached to the gerund.

Esempi: Loro *lo* stanno osservando = Stanno osservando*lo*.
They are observing it.

Io *gli* stavo telefonando. = Io stavo telefonando*gli*.
I was calling him.

Ida *si* stava preparando. = Ida stava preparando*si*.
Ida was getting ready.

Tu *ne* stai comprando. = Tu stai comprando*ne*.
You are buying some of them.

2.   Present Progressive

Here are the three conjugations of the present progressive tense.

SUBJECT PRONOUNS	CERCARE *to look for*	RIDERE *to laugh*	AVVERTIRE *to alert*
io	sto cercando	sto ridendo	sto avvertendo
tu	stai cercando	stai ridendo	stai avvertendo
lui/lei	sta cercando	sta ridendo	sta avvertendo
noi	stiamo cercando	stiamo ridendo	stiamo avvertendo
voi	state cercando	state ridendo	state avvertendo
loro	stanno cercando	stanno ridendo	stanno avvertendo

ESERCIZIO A   **Comprensione** Traccia una linea da ogni espressione italiana all' equivalente inglese

Esempio: sta pagando

1. sto lavorando
2. stanno arrivando
3. sta correggendo
4. stai organizzando
5. stiamo scegliendo
6. sto scendendo
7. state trascurando
8. sta festeggiando
9. stiamo traducendo
10. stanno chiedendo

you are neglecting

we are translating

she is celebrating

they are arriving

he is paying

you are organizing

he is correcting

I am working

they are asking

I am going down

we are choosing

| ESERCIZIO B | **L'uno o l'altro** Riscrivi le frasi cambiando il verbo dal presente indicativo al presente progressivo. |

ESEMPIO: Nella classe di inglese leggo Giulietta e Romeo.
Nella classe di inglese *sto leggendo* Giulietta e Romeo.

1. I ragazzi guardano la televisione in soggiorno.

   _____

2. Tu traduci la versione in italiano.

   _____

3. Viviana e Daria si divertono al centro commerciale.

   _____

4. Io e i miei amici passeggiamo in centro.

   _____

5. Il bambino piange senza una ragione.

   _____

6. Tu dici la verità?

   _____

7. Io soffro di mal di testa.

   _____

8. Io pulisco l'automobile prima del viaggio.

   _____

9. Tu e Sandra scrivete il tema in italiano.

   _____

10. La nostra squadra vince il campionato.

    _____

11. Gli studenti fanno attenzione.

    _____

12. Questa ditta produce ottimi articoli di pelle.

    _____

13. Perchè apri la finestra?

    _____

14. Noi ci prepariamo per uscire.

_____

15. Non capisco niente.

_____

| ESERCIZIO C | **Che cosa stanno facendo?**   Osserva le seguenti foto e scrivi che cosa vedi in ognuna. |

ESEMPIO: **Il ragazzo sta salendo sull'albero**

1. Leonardo _____

2. Io _____

3. Tu _____

4. Le ragazze _____

5. Mamma _____

6. Noi _____

7. Rita e tu _____

8. Io _____

9. Elisa _____

10. Tu _____

ESERCIZIO D   **Curiosità.**   Che stai facendo tu quest'anno? Elenca almeno sette attività.

ESEMPIO: **Sto studiando l'italiano.**

1. _____
2. _____
3. _____
4. _____
5. _____
6. _____
7. _____

ESERCIZIO E   **E gli altri?**   Che stanno facendo i tuoi amici quest'anno? Elenca almeno sette attività.

ESEMPIO: **Stanno studiando molto.**

1. _____
2. _____
3. _____

4. _____

5. _____

6. _____

7. _____

ESERCIZIO F **Fra due colleghe.** Leggi questo dialogo fra due amiche professoresse d'italiano. Inserisci i verbi per completare la conversazione.

| stiamo finendo | sto preparando | state studiando |
| sto correggendo | state mangiando | stanno presentando |

MARIA: Pronto Stella, che fai? _____?

STELLA: No, abbiamo appena finito di cenare e adesso _____ le lezioni di domani. E tu?

MARIA: _____ i compiti dei miei studenti. Che cosa _____ voi a scuola?

STELLA: In questo momento _____ una lezione sui verbi.

MARIA: I miei studenti _____ delle presentazioni orali.

STELLA: Che bravi! Allora ci vediamo dopo scuola alla conferenza?

MARIA: Certo. Arrivederci a domani.

3. Past Progressive

Here are the three conjugations of the past progressive tense.

SUBJECT PRONOUNS	TAGLIARE *to cut*	RACCOGLIERE *to pick*	SCOPRIRE *to discover*
io	stavo tagliando	stavo raccogliendo	stavo scoprendo
tu	stavi tagliando	stavi raccogliendo	stavi coprendo
lui/lei	stava tagliando	stava raccogliendo	stava coprendo
noi	stavamo tagliando	stavamo raccogliendo	stavamo coprendo
voi	stavate tagliando	stavate raccogliendo	stavate coprendo
loro	stavano tagliando	stavano raccogliendo	stavano coprendo

ESERCIZIO G   **Due tempi, un significato.** Cambia i verbi dall'imperfetto al passato progressivo.

ESEMPIO: leggevo   **stavo leggendo**

1. arrivavano   _____

2. scriveva   _____

3. partivi   _____

4. salivate   _____

5. ascoltavo   _____

6. pulivate   _____

7. perdevano   _____

8. mettevo   _____

9. mandavi   _____

10. entravamo   _____

ESERCIZIO H   **Buon divertimento!** Ieri sera sei andato ad una festa di compleanno. Quando sei arrivato, la festa era in piena attività. Ecco cosa facevano i vari invitati.

ESEMPIO: (*parlare*)   Marco **stava parlando** con Federico.

1. (*versare*)   Armando _____ da bere.

2. (*scegliere*)   Carolina e Simona _____ la musica.

3. (*raccontare*)   Filippo _____ barzellette.

4. (*servire*)   Angelica _____ stuzzichini.

5. (*ridere*)   Io e Rocco _____ insieme.

6. (*portare*)   Michela _____ la torta con le candeline.

7. (*preparare*)   Mamma _____ il caffè.

8. (*fare*)   Papà _____ le fotografie.

9. (*giocare*)   I bambini _____ a nascondino.

10. (*chiacchierare*) Nonna _____ con le zie.

| ESERCIZIO I | **A te la scelta!**   Completa le seguenti frasi con un verbo di tua scelta al passato progressivo |

ESEMPIO: Hai telefonato mentre io **stavo mangiando**.

1. Quando vi abbiamo incontrato in piazza voi _____ .

2. Mentre aspettavi l'autobus _____ .

3. Quando io sono entrato nel negozio tu _____ .

4. Quando siamo arrivati a casa ieri sera papà _____ .

5. Mentre il professore spiegava la lezione, gli studenti _____ .

6. Mentre tu cantavi io _____ .

7. Tu sei uscito dal ristorante mentre noi _____ .

8. Ho conosciuto Massimo quando lui _____ .

9. Quando il preside ha aperto la porta noi _____ .

10. Voi leggevate mentre i bambini _____ .

Appendix

1. Verbs

a. Present and Present Perfect (*passato prossimo*) Tenses of Regular Verbs

INFINITIVE	cantare	vendere	dormire
PRESENT	canto	vendo	dormo
	canti	vendi	dormi
	canta	vende	dorme
	cantiamo	vendiamo	dormiamo
	cantate	vendete	dormite
	cantano	vendono	dormono
PRESENT PERFECT	ho cantato	ho venduto	ho dormito
	hai cantato	hai venduto	hai dormito
	ha cantato	ha venduto	ha dormito
	abbiamo cantato	abbiamo venduto	abbiamo dormito
	avete cantato	avete venduto	avete dormito
	hanno cantato	hanno venduto	hanno dormito

b. Present Tense of Irregular Verbs

INFINITIVE	essere	avere	andare
PRESENT	sono	ho	vado
	sei	hai	vai
	è	ha	va
	siamo	abbiamo	andiamo
	siete	avete	andate
	sono	hanno	vanno

INFINITIVE	fare	bere	dire
PRESENT	faccio	bevo	dico
	fai	bevi	dici
	fa	beve	dice
	facciamo	beviamo	diciamo
	fate	bevete	dite
	fanno	bevono	dicono

INFINITIVE	stare	dare	sapere
PRESENT	sto	do	so
	stai	dai	sai
	sta	dà	sa
	stiamo	diamo	sappiamo
	state	date	sapete
	stanno	danno	sanno

INFINITIVE	dovere	potere	volere
PRESENT	devo	posso	voglio
	devi	puoi	vuoi
	deve	può	vuole
	dobbiamo	possiamo	vogliamo
	dovete	potete	volete
	devono	possono	vogliono

INFINITIVE	venire	uscire
PRESENT	vengo	esco
	vieni	esci
	viene	esce
	veniamo	usciamo
	venite	uscite
	vengono	escono

c. Present Perfect (*passato prossimo*)

TRANSITIVE VERB	INTRANSITIVE VERB
studiare	partire
ho studiato	sono partito, -a
hai studiato	sei partito, -a
ha studiato	è partito, -a
abbiamo studiato	siamo partiti, -e
avete studiato	siete partiti, -e
hanno studiato	sono partiti, -e

NOTE: When using *essere* the past participle agrees in gender and number with the subject.

d. Irregular Past Participles

accendere **acceso**	nascere* **nato**
aprire **aperto**	nascondere **nascosto**
bere **bevuto**	prendere **preso**
chiedere **chiesto**	offrire **offerto**
chiudere **chiuso**	piangere **pianto**
condividere **condiviso**	porgere **porso**
conoscere **conosciuto**	proteggere **protetto**
convincere **convinto**	raccogliere **raccolto**
coprire **coperto**	ridere **riso**
correggere **corretto**	rimanere* **rimasto**
correre **corso**	rispondere **risposto**
decidere **deciso**	rompere **rotto**
difendere **difeso**	scegliere **scelto**
dire **detto**	scendere* **sceso**
dirigere **diretto**	scrivere **scritto**
distruggere **distrutto**	stringere **stretto**
emettere **emesso**	soffrire **sofferto**
essere* **stato**	spegnere **spento**
fare **fatto**	spendere **speso**
fingere **finto**	succedere* **successo**
interrompere **interrrotto**	trascorrere **trascorso**
leggere **letto**	venire* **venuto**
mettere **messo**	vincere **vinto**
morire* **morto**	

*Indicates intransitive verbs conjugated with the auxiliary
verb *essere*.

e. Imperfect Tense of Regular Verbs

parlare	vedere	dormire
parlavo	vendevo	dormivo
parlavi	vendevi	dormivi
parlava	vendeva	dormiva
parlavamo	vendevamo	dormivamo
parlavate	vendevate	dormivate
parlavano	vendevano	dormivano

f. Imperfect Tense of Irregular Verbs

essere	fare	bere	dire
ero	facevo	bevevo	dicevo
eri	facevi	bevevi	dicevi
era	faceva	beveva	diceva
eravamo	facevamo	bevevamo	dicevamo
eravate	facevate	bevevate	dicevate
erano	facevano	bevevano	dicevano

g. Pluperfect (*trapassato prossimo*)

TRANSITIVE VERB	INTRANSITIVE VERB
studiare	partire
avevo studiato	ero partito, -a
avevi studiato	eri partito, -a
aveva studiato	era partito, -a
avevamo studiato	eravamo partiti, -e
avevate studiato	eravate partiti, -e
avevano studiato	erano partiti, -e

h. Future Tense of Regular Verbs

parlare	correre	dormire
parlerò	correrò	dormirò
parlerai	correrai	dormirai
parlerà	correrà	dormirà
parleremo	correremo	dormiremo
parlerete	correrete	dormirete
parleranno	correranno	dormiranno

i. Future Tense of Irregular Verbs

INFINITIVE	FUTURE
andare	andrò, andrai, andrà, andremo, andrete, andranno
avere	avrò, avrai, avrà, avremo, avrete, avranno
bere	berrò, berrai, berrà, berremo, berrete, berranno
cadere	cadrò, cadrai, cadrà, cadremo, cadrete, cadranno
dare	darò, darai, darà, daremo, darete, daranno
dovere	dovrò, dovrai, dovrà, dovremo, dovrete, dovranno
essere	sarò, sarai, sarà, saremo, sarete, saranno
fare	faro, farai, farà, faremo, farete, faranno
potere	potrò, potrai, potrà, potremo, potrete, potranno
rimanere	rimarrò, rimarrai, rimarrà, rimarremo, rimarrete, rimarranno
sapere	saprò, saprai, saprà, sapremo, saprete, sapranno
stare	starò, starai, starà, staremo, starete, staranno
vedere	vedrò, vedrai, vedrà, vedremo, vedrete, vedranno
venire	verrò, verrai, verrà, verremo, verrete, verranno
vivere	vivrò, vivrai, vivrà, vivremo, vivrete, vivranno
volere	vorrò, vorrai, vorrà, vorremo, vorrete, vorranno

j. Future Tense (*futuro anteriore*)

TRANSITIVE VERB	INTRANSITIVE VERB
studiare	partire
avrò studiato	sarò partito, -a
avrai studiato	sarai partito, -a
avrà studiato	sarà partito, -a
avremo studiato	saremo partiti, -e
avrete studiato	sarete partiti, -e
avranno studiato	saranno partiti, -e

k. Present Conditional of Regular Verbs

parlare	correre	partire
parlerei	correrei	partirei
parleresti	correresti	partiresti
parlerebbe	correrebbe	partirebbe
parleremmo	correremmo	partiremmo
parlereste	correreste	partireste
parlerebbero	correrebbero	partirebbero

l. Present Conditional of Irregular Verbs

andare	andrei, andresti, andrebbe, andremmo, andreste, andrebbero
avere	avrei, avresti, avrebbe, avremmo, avreste, avrebbero
bere	berrei, berresti, berrebbe, berremmo, berreste, berrebbero
cadere	cadrei, cadresti, cadrebbe, cadremmo, cadreste, cadrebbero
dare	darei, daresti, darebbe, daremmo, dareste, darebbero
dovere	dovrei, dovresti, dovrebbe, dovremmo, dovreste, dovebbero
essere	sarei, saresti, sarebbe, saremmo, sareste, sarebbero
fare	farei, faresti, farebbe, faremmo, fareste, farebbero
potere	potrei, potresti, potrebbe, potremmo, potreste, potrebbero
rimanere	rimarrei, rimarresti, rimarrebbe, rimarremmo, rimarreste, rimarrebbero
sapere	saprei, sapresti, saprebbe, sapremmo, sapreste, saprebbero
stare	starei, staresti, starebbe, staremmo, stareste, starebbero
vedere	vedrei, vedresti, vedrebbe, vedremmo, vedreste, vedrebbero
venire	verrei, verresti, verrebbe, verremmo, verreste, verrebbero
vivere	vivrei, vivresti, vivrebbe, vivremmo, vivreste, vivrebbero
volere	vorrei, vorresti, vorrebbe, vorremmo, vorreste, vorrebbero

m. Past Conditional (*condizinale passato*)

TRANSITIVE VERB	INTRANSITIVE VERB
studiare	partire
avrei studiato	sarei partito, -a
avresti studiato	saresti partito, -a
avrebbe studiato	sarebbe partito, -a
avremmo studiato	saremmo partiti, -e
avreste studiato	sareste partiti, -e
avrebbero studiato	sarebbero partiti, -e

n. *Passato Remoto* of Regular Verbs

provare	credere	mentire
provai	credei (credetti)	mentii
provasti	credesti	mentisti
provò	credè (credette)	mentì
provammo	credemmo	mentimmo
provaste	credeste	mentiste
provarono	crederono (credettero)	mentirono

o. *Passato Remoto* of Irregular Verbs

avere	ebbi, avesti, ebbe, avemmo, aveste, ebberono
bere	bevvi, bevesti, bevve, bevemmo, beveste, bevvero
chiudere	chiusi, chiudesti, chiuse, chiudemmo, chiudeste, chiusero
conoscere	conobbi, conoscesti, conobbe, conoscemmo, conosceste, conobbero
dare	diedi, desti, diede, demmo, deste, diedero
decidere	decisi, decidesti, decise, decidemmo, decideste, decisero
dire	dissi, dicesti, disse, dicemmo, diceste, dissero
essere	fui, fosti, fù, fummo, foste, furono
fare	feci, facesti, fece, facemmo, faceste, fecero
leggere	lessi, leggesti, lesse, leggemmo, leggeste, lessero
nascere	nacqui, nascesti, nacque, nascemmo, nasceste, nacquero
perdere	persi, perdesti, perse, perdemmo, perdeste, persero
prendere	presi, prendesti, prese, prendemmo, prendeste, presero
sapere	seppi, sapesti, seppe, sapemmo, sapeste, seppero
tenere	tenni, tenesti, tenne, tenemmo, teneste, tennero
vincere	vinsi, vincesti, vinse, vincemmo, vinceste, vinsero
volere	volli, volesti, volle, volemmo, voleste, vollero

p. Present Subjunctive of Regular Verbs

mandare	perdere	avvertire	obbedire
mandi	perda	avverta	obbedisca
mandi	perda	avverta	obbedisca
mandi	perda	avverta	obbedisca
mandiamo	perdiamo	avvertiamo	obbediamo
mandiate	perdiate	avvertiate	obbediate
mandino	perdano	avvertano	obbediscano

q. Present Subjunctive of Irregular Verbs

essere	avere	sapere	dare	stare	dovere
sia	abbia	sappia	dia	stia	debba, deva
sia	abbia	sappia	dia	stia	debba, deva
sia	abbia	sappia	dia	stia	debba, deva
siamo	abbiamo	sappiamo	diamo	stiamo	dobbiamo
siate	abbiate	sappiate	diate	stiate	dobbiate
siano	abbiano	sappiano	diano	stiano	debbano, devano

r. Additional Irregular Verbs

andare	vada, vada, vada, andiamo, andiate, vadano
bere	beva, beva, beva, beviamo, beviate, bevano
scegliere	scelga, scelga, scelga, scegliamo, scegliate, scelgano
dire	dica, dica, dica, diciamo, diciate, dicano
fare	faccia, faccia, faccia, facciamo, facciate, facciano
potere	possa, possa, possa, possiamo, possiate, possano
tenere	tenga, tenga, tenga, teniamo, teniate, tengano
uscire	esca, esca, esca, usciamo, usciate, escano
venire	venga, venga, venga, veniamo, veniate, vengano
vincere	vinca, vinca, vinca, vinciamo, vinciate, vincano
volere	voglia, voglia, voglia, vogliamo, vogliate, vogliano
spegnere	spenga, spenga, spenga, spegniamo, spegnete, spengano

s. Past Subjunctive

arrivare	comprare
sia arrivato, -a	abbia comprato
sia arrivato, -a	abbia comprato
sia arrivato, -a	abbia comprato
siamo arrivati, -e	abbiamo comprato
siate arrivati, -e	abbiate comprato
siano arrivati, -e	abbiano comprato

t. Imperfect Subjunctive of Regular Verbs

pensare	piangere	mentire
pensassi	piangessi	mentissi
pensassi	piangessi	mentissi
pensasse	piangesse	mentisse
pensassimo	piangessimo	mentissimo
pensaste	piangeste	mentiste
pensassero	piangessero	mentissero

u. Imperfect Subjunctive of Irregular Verbs

essere	dare	stare	bere	dire	fare	tradurre
fossi	dessi	stessi	bevessi	dicessi	facessi	traducessi
fossi	dessi	stessi	bevessi	dicessi	facessi	traducessi
fosse	desse	stesse	bevessi	dicesse	facesse	traducesse
fossimo	dessimo	stessimo	bevessimo	dicessimo	facessimo	traducessimo
foste	deste	steste	beveste	diceste	faceste	traduceste
fossero	dessero	stessero	bevessero	dicessero	facessero	traducessero

v. Pluperfect Subjunctive

arrivare	comprare
fossi arrivato, -a	avessi comprato
fossi arrivato, -a	avessi comprato
fosse arrivato, -a	avesse comprato
fossimo arrivati, -e	avessimo comprato
foste arrivati, -e	aveste comprato
fossero arrivati, -e	avessero comprato

2. Punctuation

Although Italian punctuation is very similar to English, there are few differences.

a. Commas are not used before *e, o,* and *nè* in a series.

Studio l'italiano, l'inglese e la matematica.	*I study Italian, English, and math.*
Non mangia nè carne nè pesce.	*She does not eat either meat or fish.*

b. In numbers, Italian uses a period where English uses a comma and a comma (decimal point) where English uses a period.

2.300	**duemilatrecento**	*2,300*	*two thousand three hundred*
12,50	**dodici e cinquanta**	*12.50*	*twelve point fifty*

c. Capitalization is seldom used in Italian. Only the beginning of a sentence and proper nouns are capitalized. Languages, religions, nationalities, days of the week, and months of the year are not capitalized.

L'Italia è una nazione europea.	*Italy is a European nation.*
Thanksgiving è l'ultimo giovedì di novembre.	*Thanksgiving is the last Thursday of November.*

3.   Syllabication

In general, in Italian a syllable begins with a consonant and ends with a vowel.

a. A single consonant between two vowels belongs to the following vowel.

i-ta-lia-no   **a-go-sto**   **a-mi-co**   **le-zio-ne**

b. Double consonants are always divided.

bas-so   **sil-la-ba**   **mam-ma**   **ric-co**

c. A combination of two different consonants goes with the following vowel unless the first consonant is *l, m, n* or *r*. In this case the two consonants are divided.

si-gno-re   **so-pra**   **pre-sto**   **li-bro**
but
col-to   **par-to**   **ban-co**   **cam-pione**

d. In three consonant combinations, the first belongs to the preceding syllable, but *s* always belongs to the following syllable.

sem-pre   **al-tro**   **in-gle-se**   **con-tro**
but
pal-estra   **fi-ne-stra**

e. Unstressed *i* and *u* stay together with the vowel with which they are combined.

uo-vo   **Gian-na**   **pia-no**   **pie-de**
but
mi-o   **pie-na**   **zi-a**   **pa-u-ra**

4.   Pronunciation

Italian is a phonetic language, most consonants and vowels have only one sound.

a. Italian words are usually stressed on the next to the last syllable.
si-**gno**-ra   bam-**bi**-no   ra-**gaz**-zo   sen-**ti**-re

b. Exceptions to the above are stressed on the third from the last syllable.
be-**nis**-si-mo   **a**-bi-to   **a**-mi-co   pe-**ni**-so-la

c. Words stressed on the last syllable have a written accent on the last vowel.
caf-**fè**   cit-**tà**   at-ti-vi-**tà**   co-**sì**

d. Double consonants are common in Italian. The sound of a double consonant is longer than a single consonant. To pronounce it properly, you must shorten the preceding vowel and hold the double consonant longer than a single consonant.
casa   papa   giovani   sono
cassa   pappa   Giovanni   sonno

Italian-English Vocabulary

This Italian-English Vocabulary is intended to be complete for the context of this book.

Nouns are listed mainly in the singular. A few are listed in the plural because of their most common use. Regular feminine forms of nouns are indicated by (-a). Regular feminine forms of adjectives are indicated by, -a.

ABBREVIATIONS

adj.	adjective	*m.*	masculine
f.	feminine	*pl.*	plural
inf.	infinitive	*sing.*	singular

a causa di because
a proposito by the way
abbassare *inf.* to lower
abbastanza enough
abbigliamento *m.* clothing
abbinare *inf.* to match
abbracciarsi *inf.* to hug
abitare *inf.* to live
accanto a next to
accappatoio *m.* bathrobe
accendere *inf.* to light, turn on
accomodarsi *inf.* to make oneself comfortable
accompagnare *inf.* to accompany
accorgersi *inf.* to realize, to become aware
acqua *f.* water
acquistare *inf.* to purchase
addormentarsi *inf.* to fall asleep
adesso now
aereo *m.* airplane
afferrare *inf.* to grab
affettato, -i *m.* sliced, cold cut
affollato, -a crowded
affrettarsi *inf.* to hurry
afoso, -a muggy
africano *adj.* African
agenda *f.* diary, notebook
aggiungere *inf.* to add

agio *m.* ease
aglio *m.* garlic
agosto *m.* August
agricolo *adj.* agricultural
agriturismo *m.* farm tourism
agrume *m.* citrus fruit
aiutare *inf.* to help
albergo *m.* hotel
alcuni *pl.* some
allacciare *inf.* to tie, to fasten
allora then
alto, -a tall
altoparlante *m.* loudspeaker
altro, -a other
alunno(-a) student
alzare *inf.* to raise
alzarsi *inf.* to get up
amare *inf.* to love
amaro, -a bitter
ambiente *m.* environment
americano, -a American
amichevolezza *f.* friendliness
amicizia *f.* friendship
amico(-a) friend
ammissione *f.* admission
amore *m.* love
ampio, -a ample, big
anatra *f.* duck
anche also

ancora not yet, still
andare *inf.* to go
angolo *m.* angle, corner
anno *m.* year
annoiarsi *inf.* to be bored
annuncio *m.* advertisement
anticipo *adv.* early
antico, -a ancient
antipatico, -a unpleasant, disagreeable
anzitutto before all
aperitivo *m.* appetizer, aperitif
apparecchiare *inf.* to set the table
appena as soon as
appoggiarsi *inf.* to lean against
appunti *m. pl.* notes
aprile *m.* April
aprire *inf.* to open
arancia *f.* orange
aranciata *f.* orange soda
arco *m.* arch
aria *f.* air
arido, -a arid
armadietto *m.* locker
armadio *m.* closet
arpa *f.* harp
arrabbiarsi *inf.* to get mad, angry
arrabbiato, -a angry
arrivare *inf.* to arrive

arrivederci I'll see you later

arrogante *adj.* arrogant

arrostito, -a roasted

arte *f.* art

artistico, -a artistic

ascensore *m.* elevator

asciugacapelli *m.* hair dryer

asciugamano *m.* towel

asciugare *inf.* to dry

ascoltare *inf.* to listen

aspettare *inf.* to wait for

aspettarsi *inf.* to expect

aspirapolvere *m.* vacuum cleaner

assaggiare *inf.* to taste

assai a lot, much

assaporare *inf.* to taste

assegnare *inf.* to assign

assente *m., f.* absent

assicurare *inf.* to ensure

assomigliare *inf.* to look like, resemble

assorbente *adj.* absorbent

attenzione *f.* attention

attesa *f.* wait

attirare *inf.* to attract

attraversare *inf.* to cross

attraverso across

attraverso through

aula *f.* classroom

aula magna *f.* auditorium

auricolare *m.* earpiece, hearing aid

autista *m., f.* driver

autore *m.* author

avere *inf.* to have

avvertire *inf.* to alert, notify

avviarsi *inf.* to move towards

avvocato *m., f.* lawyer

baciarsi *inf.* to kiss

bacio *m.* kiss

baffi *pl.* moustache

bagnato, -a wet

bagno schiuma *m.* body soap

ballare *inf.* to dance

balsamo *m.* hair conditioner

bambino(-a) child, baby

bambola *f.* doll

banco *m.* student's desk

bandiera *f.* flag

barba *f.* beard

barca *f.* boat

barzelletta *m.* joke

basilico *m.* basil

basso, -a short (in height)

bastare *inf.* to be enough

bello, -a beautiful

benché although

bene well

benzina *f.* gasoline

bevanda *f.* drink

biancheria intima *f.* lingerie

bibita soda

biblioteca *f.* library

bicchiere *m.* glass

bicicletta *f.* bicycle

biglie *f. pl.* playing marbles

biglietto *m.* ticket

bimbo(-a) child

binario *m.* train track

biscotto *m.* cookie

bistecca *f.* steak

bocca *f.* mouth

borsa *f.* purse

bosco *m.* forest

bottega *f.* shop

braccio *m.* arm

bravo, -a good

brioche *m.* croissant

bruciare *inf.* to burn

brutto, -a ugly

buca *f.* mail slot

bucato *m.* laundry

buco *m.* hole

budino *m.* pudding

buffo, -a funny

bugia *f.* lie

buio *m.* darkness

buio, -a dark

buono, -a good

burro cacao *m.* lip balm

burro *m.* butter

buttare *inf.* to throw away

cadere *inf.* to fall

caffè *m.* coffee, coffeeshop

cagnolino *m.* puppy

calcio *m.* soccer

calcolatrice *f.* calculator

caldo *m.* heat

caldo, -a hot

calendario *m.* calendar

calmare *inf.* to clam

calza *f.* sock

calzoleria *f.* shoe store

camera *f.* room

camicia *f.* shirt

cammello *m.* camel

camminare *inf.* to walk

campana *f.* bell

campanella *f.* school bell

campeggio *m.* camp

campionato *m.* championship

canadese *adj.* Canadian

cancellare *inf.* to erase, cancel

cancellino *m.* eraser

cane *m.* dog

cantare *inf.* to sing

canzone *f.* song

capello *m.* hair

capire *inf.* to understand

capitale *f.* capital

cappello *m.* hat

cappotto *m.* coat

capra *f.* goat

capriccio *m.* tantrum

caramella *f.* candy

carbone *m.* charcoal

caricare *inf.* to load

carico, -a loaded

carino, -a cute

caritatevole *adj.* charitable

caro, -a dear, expensive

carro *m.* cart

carta geografica *f.* map

carte *f. pl.* playing cards

cartella *f.* folder, schoolbag

cartellone *m.* poster, monitor

cartoleria *f.* stationary store
cartone animato *m.* cartoon
casa *f.* house
casalinghi *m. pl.* houseware
cascata *f.* fall
casetta *f.* cottage
cassa *f.* cash register
castello *m.* castle
catacombe *f. pl.* catacombs
cattedra *f.* teacher's desk
cattivo, -a bad
cautela *f.* caution
cavalcata *f.* horseback ride
cavallo *m.* horse
celebrare *inf.* to celebrate
cellulare *m.* cellular phone
cena *f.* supper
cenare *inf.* to have supper
centro commerciale *m.* mall
centro *m.* downtown
cercare *inf.* to look for
certo certain, true
cestino *m.* wastebasket
che cosa what
chi who
chiacchierare *inf.* to chat, gossip
chiacchiere *f. pl.* chat, gossip
chiamare *inf.* to call
chiamarsi *inf.* to be called
chiaro, -a clear, light
chiave *f.* key
chiedere *inf.* to ask for
chiesa *f.* church
chiromante *m., f.* fortune teller
chirurgo *m.* surgeon
chissà who knows?
chitarra *f.* guitar
chiudere *inf.* to close
chiunque whomever
cibo *m.* food
ciglio *m.* eyelash
cima *f.* top, summit
cinese *adj.* Chinese

cingomma *f.* chewing gum
cintura di sicurezza *f.* seat belt
cioccolata *f.* chocolate
cipolla *f.* onion
città *f.* city
classe *f.* class
cliente *m., f.* client
cocomero *m.* watermelon
colapasta *m.* colander
colare *inf.* to drain
colazione *f.* breakfast, snack
collega *m., f.* colleague
collina *f.* hill
colloquio *m.* job interview
colmo *adj.* filled
colorato, -a colored
colpire *inf.* to hit
colpo di telefono *m.* a telephone ring
coltello *m.* knife
combattere *inf.* to fight
come as, like, how
cominciare *inf.* to begin
commesso(-a) salesperson
comodino *m.* night stand
compagno(-a) classmate
compere *pl.* purchases
compito *m.* homework
compleanno *m.* birthday
complicato, -a complicated
comporre *inf.* to compose
comprare *inf.* to buy
comprensivo, -a understanding
concerto *m.* concert
condividere *inf.* to share
conducente *m.* driver
confondere *inf.* to confuse
confusione *f.* confusion
conoscere *inf.* to know (a person)
consegnare *inf.* to hand in, to deliver
contaminare *inf.* to contaminate
contento, -a happy
conto *m.* bill, check

convenire *inf.* to convene, to be convenient
convincere *inf.* to convince
coperchio *m.* cover
coppia *f.* couple
coprire *inf.* to cover
coprirsi *inf.* to cover oneself
coriandolo *m.* paper confetti
coro *m.* chorus
correggere *inf.* to correct
correre *inf.* to run
corridoio *m.* hallway
corto, -a short (in length)
costare *inf.* to cost
costruire *inf.* to build
cotto, -a cooked
cravatta *f.* tie
credere *inf.* to believe
crema da barba *f.* shaving cream
crescere *inf.* to grow, to grow up
crisi *f. sing.* crisis
croccantini *m. pl.* crackers
crociera *f.* cruise
cucina *f.* cuisine
cucinare *inf.* to cook
cugino(-a) cousin
cuocere *inf.* to cook
cuoco *m.* cook
cura *f.* cure
curiosità *f.* curiosity

d'accordo agreed
dado *m.* cube
danza *f.* dance
dare *inf.* to give
dare fastidio *inf.* to bother
davanti in front of
debito *m.* debt
decidere *inf.* to decide
delizioso, -a delicious
dente *m.* tooth
dentro in, inside
desiderare *inf.* to wish, to desire
destra *f.* right
dettaglio *m.* detail

di fronte a in front of
di solito usually
dicembre *m.* December
dieta *f.* diet
dietro behind
difendere *inf.* to defend
difficile *adj.* difficult
diga *f.* dam
digitare *inf.* to dial, to type
dimagrire *inf.* to lose weight
dimenticare *inf.* to forget
dipingere *inf.* to paint
diplomarsi *inf.* to graduate from high school
dire *inf.* to say
direzione *f.* direction, main office
dirigere *inf.* to manage, to direct
disastro *m.* disaster
discoteca *f.* night club
disegnare *inf.* to design, draw
disporre *inf.* to have available
distrarre *inf.* to distract
distruggere *inf.* to destroy
disturbare *inf.* to disturb, bother
dita *f. pl.* fingers
dito *m. sing.* finger
divano *m.* sofa, couch
divenire *inf.* to become
diventare *inf.* to become
divertente *adj.* fun
divertirsi *inf.* to enjoy yourself, have a good time
dizionario *m.* dictionary
doccia *f.* shower
dolce *m.* dessert
dolce *adj.* sweet
dollaro *m.* dollar
domanda *f.* question
domandare *inf.* to ask a question
domani tomorrow
domenica *f.* Sunday
donna *f.* woman

dopo after
dopodomani the day after tomorrow
dormire *inf.* to sleep
dottore *m.* doctor
dove where
dovere *inf.* to have to, to must
dovunque wherever
dritto, -a straight
dubbio *m.* doubt
dubitare *inf.* to doubt
durante during
durare *inf.* to last (time)

economico, -a inexpensive
edicola *f.* newsstand
elegante *adj.* elegant
elencare *inf.* to list
elettrodomestico *m.* home appliance
emettere *inf.* to let out
emozionante *adj.* moving, emotional
energia *f.* energy
entrare *inf.* to enter, to come in
erba *f.* grass
erbetta *f.* herb
eroe *m.* hero
esercizio *m.* exercise
esigente *adj.* demanding
espressione *f.* expression
essere *inf.* to be
estate *f.* summer
estivo, -a *adj.* summer
estero *m.* abroad
estraneo *m.* stanger
eterno, -a eternal
europeo, -a European
evitare *inf.* to avoid

fa ago
facile *adj.* easy
fame *f.* hunger
famiglia *f.* family
fare *inf.* to do; **farsi male** to get hurt
faticoso, -a aborious, hard
favola *f.* fairytale

favore *m.* favor
febbraio *m.* February
felice *adj.* happy
felpa *f.* sweatshirt
fermarsi *inf.* to stop
fermata *f.* stop
festa *f.* party, holiday
festeggiare *inf.* to celebrate
fetta *f.* slice
fettina *f.* thin slice
fico *m.* fig
fidanzarsi *inf.* to get engaged
fiducia *f.* trust, faith
figlia *f.* daughter
figlio *m.* son
fila *f.* line
finchè in order that
finestra *f.* window
fingere *inf.* to pretend
finire *inf.* to finish
finocchio *m.* fennel
fiore *m.* flower
fissare *inf.* to set, to stare
fiume *m.* river
foglia *f.* leaf
foglio *m.* sheet (of paper)
folla *f.* crowd
fondare *inf.* to found
forchetta *f.* fork
formaggio *m.* cheese
formidabile *adj.* formidable, tremendous
fornello (da campeggio) *m.* camping stove
forse maybe
forte *adj.* strong
fortunato, -a lucky
forza *f.* force
foto *f.* photograph
foulard *m.* scarf
fra between, within
fragola *f.* strawberry
francese *adj.* French
francobollo *m.* stamp
fratello *m.* brother
freddo *m.* cold
freddo, -a cold
frequentare *inf.* to attend
fresco, -a cool, fresh

friggere *inf.* to fry
frullatore *m.* mixer
frustrare *inf.* to frustrate
frutta *f.* fruit
fumare *inf.* to smoke
fumetto *f.* cartoon
fungo *m.* mushroom
funzionare *inf.* to work (object), operate
funzionare *inf.* to function, work
fuori outside, out
futuro *m.* future

gamba *f.* leg
gara *f.* race
garantire *inf.* to guarantee
geans *m. pl.* blue jeans
gelato *m.* ice cream
gelato, -a icy
generosità *f.* generosity
genitore *m.* parent
gennaio *m.* January
gentile *adj.* kind
gesso *m.* chalk
gestire *inf.* to manage, to handle
gettare *inf.* to throw away
ghiaccio *m.* ice
già already
giacca *f.* jacket
giapponese *adj.* Japanese
giardino *m.* garden
ginocchio *m.* knee
giocare *inf.* to play (an activity or sport)
giocattolo *m.* toy
giornata *f.* day (all day long)
giorno *m.* day
giovane *adj.* young
giovedí *m.* Thursday
girarsi *inf.* to turn around
giro *m.* ride
gita *f.* field trip
giugno *m.* June
giusto, -a just
godere *inf.* to enjoy; godersi to enjoy oneself

gola *f.* throat
gonfiare *inf.* to blow up, inflate
gonfio, -a swollen
gonna *f.* skirt
gradino *m.* step
grande magazzino *m.* department store
grande *adj.* big
granita *f.* crushed ice dessert, sorbet
grattacielo *m.* skyscraper
grattugiato, -a *adj.* grated
grazioso, -a *adj.* cute
greco, -a Greek
gridare *inf.* to yell
grigio, -a gray
guadagnare *inf.* to earn
guardare *inf.* to look, to watch
guarire *inf.* to heal, get better
guidare *inf.* to drive

idraulico *m.* plumber
ieri yesterday
imbarazzare *inf.* to embarrass
imbrogliare *inf.* to cheat
imparare *inf.* to learn
impaziente *adj.* impatient
impazzire *inf.* to go crazy
impegno *m.* commitment
impiegato(-a) employee
impiego *m.* employment
imporre *inf.* to impose
inchiostro *m.* ink
incidente *m.* accident
incontrare *inf.* to meet
indiano, -a Indian
indietro back
indimenticabile *adj.* unforgettable
indirizzo *m.* address
indorare *inf.* to brown
indovinare *inf.* to guess
infarinare *inf.* to flour
infelice *adj.* unhappy
infilare *inf.* to insert
ingannare *inf.* to deceive

ingegnere *m.* engineer
ingiusto, -a unjust
inglese *adj.* English
ingrassare *inf.* to gain weight
ingrediente *m.* ingredient
ingresso *m.* entrance
innaffiare *inf.* to water (plants)
innamorarsi *inf.* to fall in love
inno *m.* anthem
insalata *f.* salad
insegnare *inf.* to teach
insetto *m.* insect
insieme together
insolito, -a unusual
interessante *adj.* interesting
interessare *inf.* to be interested in
interrrompere *inf.* to interrupt
interruttore *m.* light-switch
intervenire *inf.* to intervene
introdurre *inf.* to introduce
inutile *adj.* useless
invece instead
inventare *inf.* to invent
investire *inf.* to run over with a car
inviare *inf.* to send
invitare *inf.* to invite
invitato(-a) guest
invito *m.* invitation
irlandese *adj.* Irish
irresponsabile *adj.* irresponsible
iscriversi *inf.* to register
isola *f.* island
italiano, -a Italian
itinerario *m.* itinerary

labbro *m.* lip
laccio *m.* string, tie, shoelace
lamentarsi *inf.* to complain
lanciare *inf.* to throw
lanterna *f.* lantern

lasciare *inf.* to leave behind
latte *m.* milk
laurearsi *inf.* to graduate from college
lavagna *f.* blackboard
lavare *inf.* to wash
lavarsi *inf.* to wash yourself
lavorare *inf.* to work
legare *inf.* to tie
leggere *inf.* to read
leggero, -a light
lento, -a slow
leone *m.* lion
letteratura *f.* literature
letto *m.* bed
lettura *f.* reading
lezione *f.* lesson
libero, -a free, available
libreria *f.* bookstore
libro *m.* book
liceo *m.* high school
lingua straniera *f.* foreign language
litigare *inf.* to argue
litigio *m.* argument
locale *adj.* local
Londra London
lontano, -a far away
luce *f.* light
luglio *m.* July
luna *f.* moon
lunedì *m.* Monday
lungo, -a long
lungomare *m.* boardwalk
lusso *m.* luxury

macchia *f.* spot
macchina *f.* car
madre mother
maestoso, -a majestic
maga *f.* sorceress
maggio *m.* May
maggiore *adj.* greater, older
maglia *f.* sweater
maglietta *f.* T-shirt
mai never
mal di . . . ache
male bad

malinteso *m.* misunderstanding
mamma mom
mancare *inf.* to be lacking, to miss
mandare *inf.* to send
mangiare *inf.* to eat
mano *f.* hand
maratona *f.* marathon
marchio *m.* brand, trademark
marciapiede *m.* sidewalk
mare *m.* sea
margherita *f.* daisy
marito *m.* husband
martedì *m.* Tuesday
marzo *m.* March
maschera *f.* mask
matematica *f.* math
materia *f.* school subject
matita *f.* pencil
mattina *f.* morning
medaglia *f.* medal
meglio better
mela *f.* apple
melanzana *f.* eggplant
mensa *f.* cafeteria
mentire *inf.* to lie, deny
mentre while
meraviglia *f.* marvel
mercato *m.* market
mercoledì *m.* Wednesday
merenda *f.* snack
meritare *inf.* to deserve
mese *m.* month
messaggino *m.* text message
messicano, -a Mexican
metereologico, -a weather
metropolitana *f.* subway
mettere *inf.* to put, place
mettersi *inf.* to put on (clothing)
mettersi d'accordo *inf.* to agree
mezzanotte *f.* midnight
microonde *m.* microwave
migliore *adj.* best
minacciare *inf.* to threaten
miniera *f.* mine

minore *adj.* lesser, younger
minuto *m.* minute
mischiare *inf.* to mix
miscuglio *m.* mixture
mite *adj.* mild
mitico, -a mythical
molto, -a very, many
molto a lot
moneta *f.* coin
montagna *f.* mountain
monumento *m.* monument
morire *inf.* to die
mostrare *inf.* to show
mostro *m.* monster
motorino *m.* scooter
muratore *m.* brick layer
musica *f.* music
mutanda *f.* underwear

nascere *inf.* to be born
nascondere *inf.* to hide
nascondino *m.* hide and seek
naso *m.* nose
nastro *m.* ribbon
naufragato, -a ship wrecked
navigare *inf.* to navigate, to surf
nè . . . nè neither . . . nor, either . . . or
nebbia *f.* fog
negare *inf.* to deny
negozio *m.* store
nessuno no one, nobody, anyone, anybody
neve *f.* snow
nevicare to snow
nevoso, -a snowy
niente nothing, anything
nocivo, -a harmful
noioso, -a boring
nonna grandmother
nonnulla *m.* nothing at all
nonostante even though
notizia *f.* news
novembre *m.* November
numeroso, -a numerous
nuotare *inf.* to swim

nuovo, -a new
nuvoloso, -a cloudy

obbedire *inf.* to obey
occasione *f.* occasion
occhio *m.* eye
occorrere *inf.* to need
occupato, -a occupied, busy
oceano *m.* ocean
offerta *f.* offer
offrire *inf.* to offer
oggi today
ogni each, every
olio *m.* oil
oliva *f.* olive
ombrellone *m.* beach umbrella
operazione *f.* operation
opporre *inf.* to oppose
ora *f.* hour
orario *m.* schedule
ordinare *inf.* to order
orecchio *m.* ear
orologio *m.* watch, clock
orsacchiotto *m.* teddy bear
orto *m.* vegetable garden
ospedale *m.* hospital
ospite *m.* guest
osservare *inf.* to observe
osso *m.* bone
ottimo, -a excellent
ottobre *m.* October

pacco *m.* package
pacifico, -a peaceful
padre father
padrone *m.* owner
paese *m.* town, country
pagare *inf.* to pay
pagina *f.* page
paio *m.* pair
palazzo *m.* building
pallavolo *f.* volleyball
palloncino *m.* baloon
panca *f.* bench
pancia *f.* belly
pane *m.* bread
panificio *m.* bakery
panino *m.* sandwich

panna *f.* cream
pantaloni *m. pl.* pants
pantofola *f.* slipper
papà dad
parcheggiare *inf.* to park
parcheggio *m.* parking lot
parco *m.* park
parecchi, -e *pl.* several
parente *m., f.* family relative
parete *f.* wall
parlare *inf.* to speak, to talk
parola *f.* word
parolaccia *f.* swear
parrucchiere *m.* hairdresser
partire *inf.* to leave, depart
partita *f.* game
passaggio *m.* ride
passaverdure *m.* food mill
passeggiare *inf.* to stroll
passeggiata *f.* walk
pasticceria *f.* pastry shop
patatina *f.* French fry
patente di guida *f.* driver's license
pattinare *inf.* to skate
pattini a rotelle *m. pl.* roller skates
paura *f.* fear
pauroso, -a fearful, scary
pavimento *m.* floor
pazienza *f.* patience
peggio worst
peggiore *adj.* worst
pelare *inf.* to peel
pellicano *m.* pelican
penna *f.* pen
pennarello *m.* color marker
pensare *inf.* to think
pentola *f.* saucepan
peperone *m.* pepper
per for, in order to
per caso by chance
perchè why, because
percorso *m.* course, route
perdere *inf.* to lose
perdonare *inf.* to forgive
personaggio *m.* character

pesante *adj.* heavy
pesca *f.* peach
pescare *inf.* to fish
peso *m.* weight
pessimo *adj.* worst, awful
pettinarsi *inf.* to comb one's hair
pianeta *m.* planet
piangere *inf.* to cry
piano, -a slow
pianoterra *m.* ground floor
piantare *inf.* to plant
pianura *f.* plain, flat land
piatto *m.* dish
piazza *f.* square
piccolo, -a small
piede *m.* foot
piegare *inf.* to bend
pieno, -a full
pigro, -a lazy
pila *f.* flash light
pinoli *m. pl.* pine nuts
pioggia *f.* rain
piovere to rain
piovoso, -a rainy
piscina *f.* pool
pittore *m.* painter
più more
piumino *m.* comforter
pizzico *m.* pinch
poco a little bit, few
poco *adv.* a little, less
polacco, -a Polish
poliziotto *m.* policeman
pollo *m.* chicken
pomeriggio *m.* afternoon
pomodoro *m.* tomato
ponte *m.* bridge
porco *m.* pig
porgere *inf.* to hand
porre *inf.* to place, to put
porta *f.* door
portafoglio *m.* wallet
portare *inf.* to bring, to carry
portone *m.* main door
porzione *f.* portion
posata *f.* flatware
posta *f.* mail

posteggio *m.* parking space
posto *m.* place
potere *inf.* to be able to, can
povero, -a poor
pranzare *inf.* to dine
pranzo *m.* dinner
praticare *inf.* to practice
precedenti *adj.* previous
precedenza *f.* the right of way
preferire *inf.* to prefer
preferito, -a preferred
prelevare *inf.* to withdraw
premere *inf.* to push a button
premio *m.* prize
premuroso, -a attentive, thoughtful
prendere *inf.* to take
prenotare *inf.* to reserve
preoccuparsi *inf.* to worry
preparare *inf.* to prepare
preside *m., f.* school principal
presidente *m., f.* president
prestare *inf.* to borrow, to loan
presto early, soon
pretendere *inf.* to expect, to demand
previsione *m.* forecast
prezzemolo *m.* parsley
prezzo *m.* price
prima before, first
prodotto *m.* product
produrre *inf.* to produce
professore *m.* teacher
profumato, -a fragrant
proibire *inf.* to forbid
promettere *inf.* to promise
pronto, -a ready
proporre *inf.* to propose
prosciutto *m.* Italian ham
proteggere *inf.* to protect
prova *f.* quiz
provare *inf.* to try
provenire *inf.* to come from
provvista *f.* supply

pulire *inf.* to clean
pulito, -a clean
pulsante *m.* (push)button
punire *inf.* to punish
purchè provided that

quaderno *m.* notebook
qualche some, a few
qualcosa something
qualcuno someone
quale which
qualsiasi *pl.* any
qualunque *sing.* any
quando when
quanti, -e *pl.* how many
quanto, -a *sing.* how much
quantunque although
quello, -a that
questo this
qui here

racchetta *f.* racket
raccogliere *inf.* to gather, pick up
raccontare *inf.* to tell, narrate
radersi *inf.* to shave
raffreddore *m.* a cold
ragazza *f.* girl
ragionare *inf.* to reason
ragione *f.* right, reason
rallentare *inf.* to slow down
rasoio *m.* razor
re *m.* king
realizzare *inf.* to achieve
recentemente lately, recently
regalare *inf.* to give a gift
regalo *m.* gift
regista *m., f.* film director
regola *f.* rule
regolamento *m.* regulation
rendersi conto di *inf.* to realize
reparto *m.* department
responsabile *adj.* responsible
restare *inf.* to stay, to remain, to have left over

restituire *inf.* to give back
resto *m.* remainder, change
retorica *f.* speech
retrovisivo, -a rear view
ricaricare *inf.* to recharge
riccio, -a curly
ricco, -a rich
ricerca *f.* research
ricevere *inf.* to receive
richiesta *f.* request
riciclare *inf.* to recycle
ricordare *inf.* to remember
ricorrenza *f.* recurrence, anniversary
ridere *inf.* to laugh
riferire *inf.* to refer
rifiuti *m. pl.* refuse
riflettere *inf.* to reflect
riga *f.* ruler
rigato, -a lined, stripped
rilassarsi *inf.* to relax
rimanere *inf.* to stay, remain
rimmel *m.* mascara
rimpiangere *inf.* to regret
rinfresco *m.* refreshment
ringraziare *inf.* to thank
riparare *inf.* to repair
ripetizione *f.* repetition
riposare *inf.* to rest, relax
risparmiare *inf.* to save
rispondere *inf.* to answer
ristorante *m.* restaurant
ritardo *m.* delay, late
ritirare *inf.* to pick up
ritornare *inf.* to return
riuscire *inf.* to succeed, be able to
rivista *f.* magazine
robusto, -a sturdy
romanzo *m.* novel
rompere *inf.* to break
rosa *f.* rose
rosa *adj.* pink
rosolare *inf.* to sautè
rosso, -a red
rotondo, -a round
rotto, -a broken

rovinato, -a ruined
rubare *inf.* to steel

sabato *m.* Saturday
sabbia *f.* sand
sacco a pelo *m.* sleeping bag
saggio *m.* essay
sala da pranzo *f.* dining room
sala *f.* hall
saldo *m.* sale
salire *inf.* to go up, climb
salotto *m.* living room
salsa *f.* sauce
saltare *inf.* to jump
salutare *inf.* to greet
saluto *m.* greeting
salvare *inf.* to save
sandalo *m.* sandal
sangue *m.* blood
sano, -a healthy
sapere *inf.* to know (facts)
sbaglio *m.* mistake
sbalordire *inf.* to amaze
sbrigarsi *inf.* to hurry up
scaffale *m.* shelf
scale *f. pl.* stairs
scambiare *inf.* to exchange
scampagnata *f.* picnic
scappare *inf.* to run away
scaricare *inf.* to unload, download
scarpa *f.* shoe
scatola *f.* box
scegliere *inf.* to chose
scelta *f.* choice
scendere *inf.* to descend, go down
scheda telefonica *f.* phone card
schermo *m.* screen
scherzare *inf.* to joke
scherzo *m.* joke
schiena *f.* back
sciare *inf.* to ski
scienze *f. sing.* science
scimmia *f.* monkey
scioccato *adj.* shocked
sciocchezza *f.* foolishness

sciogliere *inf.* to untie
scioglilingua *m.* tongue-twister
scivolo *m.* slide
scolastico, -a school
scolpire *inf.* to carve, sculpt
scomodo, -a uncomfortable
sconosciuto(-a) stranger
scontrino *m.* receipt
sconveniente *adj.* inconvenient
scoprire *inf.* to discover
scoraggiare *inf.* to discourage
scorso, -a *adj.* last, past
scotto *adj.* overcooked
scrivania *f.* desk
scrivere *inf.* to write
scuola *f.* school
scuro, -a dark
sdossato, -a boneless, pitted
sebbene although
secchio *m.* bucket
secco, -a dry
sedere *inf.* to sit
sedersi *inf.* to sit
sedia a sdraio *f.* lounge chair
sedia *f.* chair
segretaria *f.* secretary
segreto *m.* secret
seguente *adj.* following
seguire *inf.* to follow
semaforo *m.* traffic light
sembrare *inf.* to seem, appear
seme *m.* seed
semplice *adj.* simple
sempre always
sentire *inf.* to hear
sentirsi *inf.* to feel
sera *f.* evening
sereno, -a calm
servire *inf.* to serve, to need
sete *f.* thirst
settembre *m.* September
settimana *f.* week

severo, -a strict
sfilata *f.* parade
sfortunato, -a unlucky
sforzo *m.* effort
simile *adj.* similar
simpatico, -a nice
sinistra *f.* left
sistemare *inf.* to fix up, to set up
slavo, -a Slavic
smalto *m.* nail polish
smontare *inf.* to take something apart
sodo, -a solid, hard boiled
soffitta *f.* attic
soffrire *inf.* to suffer
soggiorno *m.* the stay, the family room
sognare *inf.* to dream
soldatini *m. pl.* toy soldiers
soldi *m. pl.* money
sole *m.* sun
solito, -a usual
sopra above, on top of
sopracciglio *m.* brow
soprattutto above all
sorella sister
sostare *inf.* to stop
sottile *adj.* thin
sotto under, below
sottosopra *adj.* upside down
spagnolo, -a Spanish
sparecchiare *inf.* to clear the table
spazio *m.* space
spazzatura *f.* trash
spazzola *f.* brush
spazzolino *m.* toothbrush
specchio *m.* mirror
specialità *f.* specialty
spedire *inf.* to send, mail
spegnere *inf.* to turn off
spendere *inf.* to spend
sperare *inf.* to hope
spesa *f.* shopping
spesso often
spiaggia *f.* beach
spicchio *m.* section, sliver
spiegare *inf.* to explain

spina *m.* spine, needle
spinaci *m. pl.* spinach
spingere *inf.* to push
spogliarsi *inf.* to undress
sporco, -a   dirty
sportello *m.* car door
sportivo, -a *adj.* athletic
sposarsi *inf.* to get married
sprecare *inf.* to waste
spumante *m.* Italian
   champagne
squadra *f.* team
squisito, -a   delicious
stadio *m.* stadium
stagione *f.* season
stanco, -a   tired
stanza *f.* room
stare *inf.* to be, to stay
stasera   tonight
Stati Uniti   United States
stazione *f.* station
stilista *m., f.* fashion
   designer
stirare *inf.* to iron
stivale *m.* boot
stomaco *m.* stomach
strada *f.* street, road
straniero, -a   foreign
strato *m.* layer
stregata *adj.* haunted
stringere *inf.* to tighten up,
   to squeeze
striscetta *f.* slice, sliver,
   strip
strumento *m.* instrument
studente *m.* student
studiare *inf.* to study
stupendo, -a   marvelous
stuzzichino *m.* appetizer
subito   quickly
succedere *inf.* to happen
succo *m.* juice
sudamericano, -a   South
   American
suggerire *inf.* to suggest
sugo *m.* sauce
suolo *m.* ground
suonare *inf.* to play
   (an instrument)
superattico *m.* penthouse

supermercato *m.*
   supermarket
svantaggioso, -a
   disadvantageous
sveglia *f.* alarm clock
svegliarsi *inf.* to wake up
sviluppato, -a   developed
svizzero, -a   Swiss
svogliato, -a   unmotivated
svuotare *inf.* to empty out

tagliare *inf.* to cut
tagliato, -a   cut
tagliaunghie *m.* nail
   clippers
tardi   late
tascabile *adj.* pocket size
tastiera *f.* keyboard
tavolo *m.* table
tazza *f.* cup
teatro *m.* theater
telefonino *m.* cellular
   telephone
telegiornale *m.* TV news
televisivo, -a   television
tema *m.* composition
temere *inf.* to fear, to be
   afraid
temperamatite *m.* pencil-
   sharpener
tempesta *f.* storm
tempo *m.* time, weather
tenere *inf.* to keep
tenero, -a   tender
terreno *m.* land
tesoro *m.* treasurer
testa *f.* head
tetto *m.* roof
tigre *f.* tiger
tirare *inf.* to pull
toccare *inf.* to touch
togliere *inf.* to take off
tonno *m.* tuna
topo *m.* mouse
tornare *inf.* to return,
   come back
torta *f.* cake
tortiera *f.* oven-proof dish
torto *m.* wrong
tracciare *inf.* to trace

tradire *inf.* to betray, to
   cheat
tradurre *inf.* to translate
tranquillo, -a   tranquil,
   peaceful
trascorrere *inf.* to spend
   time
trascurare *inf.* to neglect
trasferirsi *inf.* to move
trasparente *adj.* see through
trattarsi *inf.* to deal with
trattoria *f.* informal
   restaurant
tremare *inf.* to shake
trenino *m.* train set
treno *m.* train
triciclo *m.* tricycle
triste *adj.* sad
tritare *inf.* to chop
troppo, -a   too many
troppo   too much
trovare *inf.* to find
trovarsi *inf.* to find oneself
truccarsi *inf.* to put on
   make-up
trucco *m.* make-up,
   cosmetics
turista *m., f.* tourist
tutti *pl.* everyone
tutto *sing.* everything

ubbidire *inf.* to obey
uccello *m.* bird
ultimamente   lately
ultimo, -a   last
ungere *inf.* to oil
unghia *f.* nail
uomo   man
uovo *m.* egg
urlare *inf.* to scream
urtare *inf.* to bump
usare *inf.* to use
uscire *inf.* to go out, to exit
utile *adj.* useful

vacanza *f.* vacation
valigia *f.* suitcase
vaniglia *f.* vanilla
vantaggioso *adj.*
   advantageous

vaporetto *m.* ferry boat
varietà *f.* variety
vassoio *m.* tray
vecchio, -a old
vedere *inf.* to see
velocemente *adj.* quickly
vendere *inf.* to sell
venerdì *m.* Friday
venire *inf.* to come
vento *m.* wind
venturo, -a upcoming
verdura *f.* vegetable
verità *f.* truth
vero, -a true
vertigine *f.* dizziness

vestire *inf.* to dress, to wear
vestiti *m. pl.* clothes
vestito *m.* dress, suit
vetrina *f.* store window
vetro *m.* glass
viaggiare *inf.* to travel
vicino, -a near, neighbor
vietato, -a forbidden
vigile *m.* traffic cop
vincere *inf.* to win
viola purple
virtù *f.* virtue
visita *f.* visit

visitare *inf.* to visit
vista *f.* view
vittima *f.* victim
voce *f.* voice
voglia *f.* desire, wish
volentieri gladly
volere *inf.* to want
volta *f.* time (sequence, i.e., once, twice)
voto *m.* grade

zaino *m.* backpack
zia aunt
zoccolo *m.* clog (shoe)
zuppa *f.* soup